½ tsp ~ 2.5 ml
1 tsp ~ 5 ml
½ tbsp ~ 7.5 ml

LISA NIESCHLAG ★ LARS WENTRUP

NEW YORK Christmas

BAKING

FOTOGRAFIE

LISA NIESCHLAG UND JULIA CAWLEY

REZEPTENTWICKLUNG

AGNES PRUS

INHALT

SWEET CHRISTMAS COOKIES

Whoopie Pies, Snickerdoodles & Co

HOLIDAY CAKES

Pies, Cupcakes & Co

CHRISTMAS BREAKFAST

Bread, Muffins & Buns

Geschichten

EINE SÜSSE BESCHERUNG

New York hat sich herausgeputzt. Es funkelt und glitzert überall und aus den Lautsprechern erschallt stimmungsvolle Musik. Ein Feuerwerk an Farben spinnt sich durch die weihnachtliche Metropole. Ein Magnet für viele Menschen aus allen Teilen der Erde.

Sie möchten die schönste Zeit des Jahres in der pulsierenden Metropole hautnah erleben, dem Schauspiel von üppigen Weihnachtsdekorationen, überdimensionalen Weihnachtsbäumen und reich geschmückten Shoppingmeilen und Hotels beiwohnen. Eine Aufführung der Superlative! Lichtermeere überfluten die Stadt, leuchtende Kränze und Tannen zieren die Appartementhäuser und öffentliche Orte wie die Grand Central Station oder das berühmte Rockefeller Center. Aber auch abseits des Trubels ist das magische New-York-Christmas-Gefühl zu spüren.
New York – die Stadt, die niemals schläft. Ruhe und Besinnlichkeit scheinen im Big Apple Fremdwörter zu sein – zumindest so lange, bis die Weihnachtszeit einkehrt. Denn dann gibt es sie, die friedlichen und harmonischen Momente – in der schicken Upper West Side ebenso wie im szenigen Soho oder Brooklyn. Das beste Rezept, um sie aufzuspüren, lautet: sich einfach treiben lassen – ganz ohne Zeitdruck. Unsere Fotografin Julia Cawley ist diesem Aufruf nur allzu gerne gefolgt. Nach fünf Jahren in New York lebt sie mit ihrer Familie nun in Hamburg und freut sich über jedes Wiedersehen mit ihrer zweiten Heimat.

New York ist auch für uns mittlerweile ein vertrautes Terrain. In unserem ersten New-York-Kochbuch „New York Christmas" haben wir die Weihnachtszeit kulinarisch porträtiert, angefangen mit deftigen Spaghetti & Meatballs bis hin zur scharfen Kürbissuppe und abgerundet mit ausgewählten Cookies, Süßem und Brownies. Was sollen wir sagen, das Buch war ein voller Erfolg, die Resonanz sensationell und der Weg für eine weitere Veröffentlichung aus dem Big Apple geebnet.

Mit „New York Christmas Baking" erliegen wir ganz der süßen Versuchung, die die Stadt und das Land zu bieten hat. Es werden Kindheitserinnerungen wach: Lisa steigt beim Fotografieren und Inszenieren der Leckereien der Duft der Weihnachtscookies ihrer Großmutter, einer echten New Yorkerin, in die Nase. Ihre Gedanken wandern zurück, machen einen Abstecher über den Atlantischen Ozean in das herrlich duftende Appartement in Manhattan. Familientradition von seiner süßesten Seite.

Sweet Dreams – frisch aus New York: Geht mit uns erneut auf eine Reise in diese wunderbare Stadt, die wie keine andere zum Träumen und Genießen einlädt.

Sweet Christmas!

Lisa Nieschlag und Lars Wentrup

LISA NIESCHLAG

LARS WENTRUP

JULIA CAWLEY

Weihnachtserinnerungen

Truman Capote

„Ich wusste es schon, bevor ich aufstand", sagt sie, als sie sich vom Fenster abwendet, ein zielstrebiges Leuchten in den Augen. „Die Schläge der Dorfuhr klangen so kalt und klar. Und es waren keine Vögel zu hören; sie sind in wärmere Gefilde gezogen, in der Tat. Ach, Buddy, hör auf, dich vollzustopfen, und hol unser Wägelchen. Hilf mir, meinen Hut zu suchen. Wir müssen dreißig Kuchen backen."

Es ist immer das Gleiche: Ein Morgen im November kommt, und meine Freundin, wie um offiziell die Weihnachtszeit einzuläuten, die ihre Fantasie beflügelt und das Feuer in ihrem Herzen anfacht, verkündet: „Es ist Früchtekuchenwetter! Hol unser Wägelchen. Hilf mir, meinen Hut zu suchen." Der Hut wird gesucht und gefunden, ein Wagenrad aus Stroh, garniert mit Samtrosen, die der Aufenthalt im Freien ausgebleicht hat: Er gehörte früher einer modebewussteren Verwandten. Gemeinsam ziehen wir unser Wägelchen, einen klapprigen Kinderwagen, hinaus in den Garten und in ein Gehölz aus Pekannussbäumen. Der Kinderwagen gehört mir; das heißt, er wurde für mich gekauft, als ich geboren wurde. Er ist aus Korbgeflecht, inzwischen ziemlich lädiert, und die Räder wackeln wie die Beine eines Betrunkenen. Aber er leistet uns treue Dienste; im Frühling nehmen wir ihn mit in den Wald und füllen ihn mit Blumen, Kräutern, wildem Farn für unsere Verandatöpfe; im Sommer beladen wir ihn mit unseren Picknicksachen und Zuckerrohrangeln und schieben ihn hinunter an den Bach; auch im Winter findet er Verwendung: als Karren, um Brennholz vom Hof in die Küche zu schaffen, als warmes Bett für Queenie, unseren zähen orangeweißen kleinen Terrier, der die Staupe und zwei Klapperschlangenbisse überlebt hat. Queenie trottet auch jetzt neben ihm her.

Drei Stunden später sind wir wieder in der Küche und schälen eine gehäufte Kinderwagenladung aufgelesener Pekannüsse. Vom vielen Bücken tut uns der Rücken weh: Wie schwer sie zu finden waren (die Haupternte wurde bereits von den Bäumen geschüttelt und verkauft, nicht von uns, sondern von den Besitzern des Wäldchens) zwischen dem alles bedeckenden Laub, dem mit Reif überzogenen, trügerischen Gras. Krrrack! Ein fröhliches Knacken, wie Fetzen von fernem Donnergrollen, wenn die Schalen aufbrechen und der glänzende Berg aus süßem, öligem, elfenbeinfarbenem Fruchtfleisch in der Milchglasschüssel anwächst. Queenie bettelt um eine Kostprobe, und hin und wieder steckt ihr meine Freundin ein Bröckchen zu, obwohl sie behauptet, dass wir uns dadurch selber schaden. „Wir dürfen ihr nichts geben, Buddy. Wenn wir damit anfangen, hören wir nicht mehr auf. Und es ist ohnehin kaum genug da. Für dreißig Kuchen." In der Küche wird es dunkel. Die Abenddämmerung verwandelt das Fenster in einen Spiegel: Unsere Spiegelbilder verschmelzen mit dem aufgehenden Mond, während wir am offenen Kamin im Feuerschein arbeiten. Schließlich, als der Mond schon sehr hoch steht, werfen wir die letzte Schale ins Feuer und sehen mit einem Seufzer zu, wie sie Feuer fängt. Der Kinderwagen ist leer, die Schüssel randvoll. Wir essen zu Abend (kalte Maisbrötchen, Speck, Brombeermarmelade) und besprechen den nächsten Tag. Morgen beginnt die Arbeit, die ich am liebsten mag: das Einkaufen. Kirschen und Zitronat, Ingwer und Vanille und dosenweise Hawaii-Ananas, dazu Orangeat und Rosinen und Walnüsse und Whiskey und soundso viel Mehl, Butter, soundso viele Eier, Gewürze, Essenzen: Wir werden bestimmt ein Pferd brauchen, um unser Wägelchen nach Hause zu ziehen. ★

SWEET CHRISTMAS COOKIES

WHOOPIE PIES, SNICKERDOODLES & CO

CANDY CANE COOKIES

Die rot-weiß gestreiften Zuckerstangen sind ein Muss an jedem Weihnachtsbaum. Die von der bunten Süßigkeit inspirierten Candy Cane Cookies sind nicht nur ein farblicher Hingucker auf dem Plätzchenteller, man kann sie auch dekorativ an den Tassenrand hängen und zu einem heißen Kakao mit Marshmallow-Topping servieren.

Butter, Zucker und Puderzucker in einer Schüssel 3 Min. cremig rühren. Das Ei zugeben und ca. 1 Min. unterrühren. Die Milch mit Vanille- und Mandelextrakt vermischen und beiseitestellen.

Mehl, Backpulver und Salz in einer weiteren Schüssel gründlich mischen. Abwechselnd Milch- und Mehlmischung in mehreren Schritten zur Butter-Zucker-Creme geben und unterrühren. Die Hälfte des Teiges in eine separate Schüssel geben, Lebensmittelfarbe und Pfefferminzextrakt zufügen und untermischen. Beide Teige jeweils in Frischhaltefolie wickeln und für ca. 4 Std. kalt stellen.

Den Backofen auf 175 °C vorheizen und zwei Bleche mit Backpapier auslegen. Den restlichen Zucker in ein Schälchen geben. Aus beiden Teigen mit den Händen jeweils mehrere Stränge formen (ca. 12 cm lang und 5 mm dick). Jeweils einen hellen und einen roten Teigstrang umeinander wickeln, in Zucker wenden und auf ein Blech legen. Dabei ein Ende des Strangs wie bei einem Spazierstock umbiegen. Die Plätzchen ca. 10 Min. im Ofen backen.

ZUTATEN

Für ca. 45 Stück

225 g zimmerwarme Butter
250 g Rohrohrzucker
2 EL Puderzucker
1 Ei
120 ml Milch
2 TL Vanilleextrakt
Einige Tropfen Mandelextrakt (alternativ natürliches Mandelaroma)
420 g Mehl
½ TL Weinsteinbackpulver
¼ TL Salz
½ TL rote Lebensmittelfarbe (alternativ ca. 2 TL Rote-Bete-Pulver)
½ TL Pfefferminzextrakt nach Belieben (alternativ einige Tropfen Pfefferminzöl)

Außerdem:

2 EL Rohrohrzucker zum Wenden

LEMON COOKIES

Bei all den süßen Naschereien in der Weihnachtszeit sorgen die Lemon Cookies für erfrischende Abwechslung. Zitronensaft und -abrieb geben ein fein säuerliches Aroma, das Rezept ist schnell gemacht und gelingt leicht. Unser Tipp: Der aromatisierte Zucker eignet sich auch zum Süßen von Tees, also am besten gleich mehr davon herstellen. Dafür den Abrieb einer Bio-Zitrone mit Zucker in ein Glas geben und luftdicht verschlossen aufbewahren (zwischendurch schütteln, um den Zucker gleichmäßig zu aromatisieren).

ZUTATEN

Für ca. 45 Stück

Für den Teig:
120 g Rohrohrzucker
Abrieb von 1–2 Bio-Zitronen
220 g Mehl
¼ TL Weinsteinbackpulver
¼ TL Salz
150 g kalte Butter, in kleinen Würfeln
2 EL Zitronensaft
1 Eigelb
½ TL Vanilleextrakt

Für den Guss:
150 g Puderzucker
2 EL Zitronensaft
1 EL Frischkäse

Zucker und Zitronenabrieb in einen Blitzhacker geben und ca. 30 Sek. pulsierend vermischen, bis der Zitronenabrieb gleichmäßig verteilt ist und den Zucker aromatisiert hat. Alternativ Zucker und Zitronenabrieb in einem Mörser oder in einem Schälchen vermischen.

Mehl, Backpulver und Salz in einer Schüssel vermengen. Den Zitronenzucker zufügen und untermischen. Die Butter zugeben und alles zügig mit den Händen zu krümeligen Streuseln verkneten. Zitronensaft, Eigelb und Vanilleextrakt unterrühren. Den Teig zu einer 4 cm dicken Rolle formen. In Frischhaltefolie wickeln und 1 Std. ins Gefrierfach legen.

Den Backofen auf 170 °C vorheizen und zwei Bleche mit Backpapier auslegen. Den Teig in ca. 5 mm dicke Scheiben schneiden, diese mit etwas Abstand auf die Bleche legen und 10–12 Min. im Ofen backen. Herausnehmen und vollständig auskühlen lassen.

Für den Guss den Puderzucker in ein Schälchen geben, mit Zitronensaft und Frischkäse glatt rühren und die Plätzchen mit Zuckerguss bestreichen. Mind. 1 Std. trocknen lassen.

SUGAR COOKIES

Neben Cookie Cups und Whoopie Pies darf auch dieses ganz klassische Rezept für die Adventszeit auf keinen Fall fehlen. Sugar Cookies sind beliebt bei Groß und Klein und gehören zu Weihnachten einfach dazu! Der Teig ist schnell hergestellt und bei der Verzierung der Plätzchen kann man der Fantasie freien Lauf lassen.

Das Mehl mit Backpulver, Natron und Salz in einer Schüssel mischen und beiseitestellen. Butter und Zucker in 3 Min. cremig rühren. Das Ei zugeben und 1 Min. untermixen. Vanilleextrakt und Zitronenabrieb untermischen. Dann abwechselnd die Mehlmischung und die Sahne in 2 Portionen unterrühren. Den Teig in Frischhaltefolie wickeln und mind. 2 Std., am besten aber über Nacht im Kühlschrank ruhen lassen.

Den Backofen auf 175 °C vorheizen und zwei Bleche mit Backpapier auslegen. Den Teig auf der bemehlten Arbeitsfläche 3–4 mm dick ausrollen und Kreise (Ø 4 cm) oder andere Formen ausstechen. Die Plätzchen auf den Blechen verteilen und mit etwas Puderzucker bestäuben. Einen Backpinsel mit etwas Wasser befeuchten, über die Plätzchen pinseln und diese anschließend erneut mit Puderzucker bestäuben. In ca. 10 Min. goldgelb backen. Nach Belieben nach dem Backen mit weiterem Puderzucker bestäuben.

Tipp: Statt die Plätzchen mit Puderzucker zu bestäuben, kann man sie nach dem Backen auch mit weißem oder buntem Zuckerguss verzieren.

ZUTATEN

Für ca. 30 Stück

270 g Mehl
½ TL Weinsteinbackpulver
¼ TL Natron
¼ TL Salz
120 g zimmerwarme Butter
150 g Rohrohrzucker
1 Ei
1 TL Vanilleextrakt
1 TL Abrieb von 1 Bio-Zitrone nach Belieben
60 ml Sahne

Außerdem:
Mehl für die Arbeitsfläche

SNOWFLAKES MIT SAURER SAHNE

Während der Entstehung von „New York Christmas" wartete Julia sehnsüchtig auf Schnee, um den Big Apple in weißer Pracht zu fotografieren. Sicher hätte sie sich schon damals gerne die Wartezeit mit diesen hübschen Plätzchen verkürzt. Aus eigener Erfahrung können wir berichten: Auch bei kleinen Naschkatzen sind die Snowflakes mit Zuckerguss und dekorativen Zuckerperlen sehr beliebt.

ZUTATEN

Für ca. 30 Stück

Für den Teig:
120 g zimmerwarme Butter
160 g Rohrohrzucker
1 Eigelb
½ TL Vanilleextrakt
240 g zimmerwarme saure Sahne
300 g Mehl
½ TL Weinsteinbackpulver
¼ TL Natron
1 Prise Salz
1 Msp. frisch geriebene Muskatnuss

Für den Guss:
120 g Puderzucker
1 EL Butter, zerlassen
¼ TL Vanilleextrakt
Ca. 1 EL Milch

Außerdem:
Mehl für die Arbeitsfläche
Kleine silberne Zuckerperlen zum Verzieren nach Belieben

Butter und Zucker in einer Schüssel 3 Min. cremig rühren. Das Eigelb und den Vanilleextrakt unterrühren, dann die saure Sahne zufügen und untermixen. Mehl mit Backpulver, Natron, Salz und Muskatnuss vermengen und kurz unterrühren. Den Teig abdecken und über Nacht im Kühlschrank ruhen lassen.

Am nächsten Tag den Backofen auf 175 °C vorheizen und ein Blech mit Backpapier auslegen. Den Teig auf der leicht bemehlten Arbeitsfläche 5 mm dick ausrollen und Schneeflocken ausstechen. Die Plätzchen auf das Backblech legen und ca. 10 Min. backen (die Schneeflocken sollten nicht allzu sehr bräunen). Herausnehmen und auf einem Kuchengitter vollständig auskühlen lassen.

Für den Guss den Puderzucker in eine Schüssel sieben, Butter und Vanilleextrakt zufügen und alles glatt rühren. Etwas Milch zugeben, bis die gewünschte Konsistenz erreicht ist. Die Plätzchen mit Guss bestreichen und mit kleinen Zuckerperlen verzieren. In einer Dose zwischen Backpapier kühl aufbewahren.

STAINED GLASS COOKIES

Lust auf ein wenig Abwechslung auf dem Plätzchenteller? Dann sind diese Stained Glass Cookies genau das Richtige. Das Bonbonpulver zerläuft im Ofen, sodass nach dem Backen kleine bunte „Fenster" die Plätzchen zieren. Mit einem Loch und einem Band versehen eignen sie sich zudem als Schmuck für den Tannenbaum.

Das Mehl mit Backpulver und Salz in einer Schüssel mischen und beiseitestellen. Butter und Zucker in einer weiteren Schüssel in 3 Min. cremig rühren. Das Ei, den Vanilleextrakt und den Zitronenabrieb unterrühren. Die Mehlmischung in 2 Portionen unterheben, bis ein glatter Teig entsteht. In Frischhaltefolie gewickelt 2 Std. im Kühlschrank ruhen lassen.

Den Backofen auf 160 °C vorheizen und zwei Bleche mit Backpapier auslegen. Die Bonbons nach Farben sortieren, im Blitzhacker zu Pulver zerstoßen und getrennt in Schälchen geben. Den Teig auf der leicht bemehlten Arbeitsfläche 3–4 mm dünn ausrollen und Formen (z. B. Sterne, Tannenbäume oder Christbaumkugeln) ausstechen.

Die Plätzchen auf die Bleche legen, jeweils kleine Ornamente ausstechen und diese mit ein wenig Bonbonpulver füllen. Wenn die Plätzchen aufgehängt werden sollen, zusätzlich ein kleines Loch für den Faden ausstechen. Die Plätzchen in ca. 10 Min. goldgelb backen und anschließend auf dem Blech abkühlen lassen.

ZUTATEN

Für ca. 60 Stück

300 g Mehl
¼ TL Weinsteinbackpulver
¼ TL Salz
200 g zimmerwarme Butter
120 g Rohrohrzucker
1 Ei
1 ½ TL Vanilleextrakt
¼ TL Abrieb von 1 Bio-Zitrone
Ca. 180 g bunte, harte Bonbons

Außerdem:
Mehl für die Arbeitsfläche

COCONUT MACAROONS

Durch die Zubereitung über dem Wasserbad werden die Kokosmakronen innen besonders saftig. Nach dem Backen sind sie außen leicht knusprig und schmecken daher am ersten Tag besonders gut. Beim Formen der Masse ist etwas Fingerspitzengefühl gefragt: Man sollte die Hände auf jeden Fall mit Wasser befeuchten und die Kugeln mit etwas Druck zusammenpressen.

ZUTATEN

Für ca. 20 Stück

120 g Kokosraspel
60 g Kokoschips (alternativ Kokosraspel)
120 g Rohrohrzucker
3 Eiweiß
1 TL Vanilleextrakt
¼ TL Salz

Außerdem:
Ca. 150 g Zartbitterschokolade (60 % Kakaoanteil), fein gehackt

Die Kokosraspel und Kokoschips mit Zucker, Eiweißen, Vanille und Salz in einer Schüssel gründlich vermischen. Über dem heißen Wasserbad unter Rühren ca. 10 Min. erhitzen, bis sich die Masse heiß anfühlt. Vom Herd nehmen und abgedeckt bei Zimmertemperatur 30 Min. ruhen lassen.

Den Backofen auf 175 °C vorheizen und ein Blech mit Backpapier auslegen. Mit einem Teelöffel oder mit angefeuchteten Fingern kleine Häufchen Kokosmasse abnehmen, mit etwas Druck mit den Händen zu Kugeln formen und auf das Blech setzen. Die Hände zwischendurch immer wieder reinigen und mit Wasser befeuchten. Die Makronen ca. 7 Min. backen, dann Ofentemperatur auf 160 °C reduzieren und die Makronen in ca. 5 Min. fertig backen. Die Makronen nach Belieben etwas länger backen, bis sie leicht gebräunt sind. Herausnehmen und auf einem Kuchengitter abkühlen lassen.

100 g Schokolade über dem warmen Wasserbad schmelzen. Vom Herd nehmen und die restliche Schokolade einrühren, bis sie geschmolzen ist. Die Makronen mit der Unterseite hineintunken und auf Backpapier trocknen lassen.

PUMPKIN SPICE WHOOPIE PIES

Kürbispüree ist in den USA eine beliebte Zutat für Pies und andere Kuchen, daher kann man es dort bereits fertig zubereitet kaufen. Mit etwas Glück findet man es auch hier im Supermarktregal – falls nicht, kann man das Püree aber auch selber zubereiten. Am besten stellt man gleich eine größere Menge her, denn es lässt sich wunderbar einfrieren. Den Whoopie Pies verleiht es in Kombination mit Orangenabrieb, Ingwer und Muskatnuss ein herrlich weihnachtliches Aroma.

Am Vortag das Kürbispüree und die Füllung herstellen. Den Backofen auf 180 °C vorheizen und ein Blech mit Backpapier auslegen. Den Kürbis halbieren und die Kerne entfernen. Mit der Schnittseite nach unten auf das Blech legen und in ca. 40 Min. weich backen. Das Fruchtfleisch mit einem Löffel herausschaben und pürieren. 180 g Fruchtfleisch abwiegen und über Nacht kalt stellen. Den Rest für ein anderes Rezept (z. B. für Cinnamon Roll Pancake, S. 111) verwenden oder einfrieren.

Für die Füllung die Butter in einem kleinen Topf erhitzen, bis sie gebräunt ist. Vom Herd nehmen und abkühlen lassen. Frischkäse, Ahornsirup und Zimt zufügen und 2 Min. cremig rühren. Den Puderzucker unter Rühren einrieseln lassen. Die Creme abgedeckt kalt stellen.

Am nächsten Tag den Backofen auf 175 °C vorheizen und zwei Bleche mit Backpapier auslegen. Das Mehl in einer Schüssel mit Zimt, Backpulver, Natron, Salz, Piment, Nelken und Muskat vermischen und beiseitestellen. Das Öl mit beiden Zuckersorten 1 Min. verrühren, dann die Eier einzeln zugeben und jeweils ca. 30 Sek. unterrühren. Kürbispüree, Vanilleextrakt, Orangenabrieb und Ingwer unterrühren. Die Mehlmischung in 2 Portionen unterheben.

Mit einem kleinen Eisportionierer oder einem Teelöffel 30 Portionen Teig abstechen, jeweils mit angefeuchteten Händen zu Kugeln formen und auf das Blech legen. Etwas flach drücken und ca. 11 Min. im Ofen backen. Herausnehmen und vollständig auskühlen lassen. Jeweils ein Plätzchen auf der Unterseite mit Creme bestreichen (oder die Creme in einen Spritzbeutel füllen und aufspritzen) und ein zweites Plätzchen daraufsetzen. Die Whoopies 30 Min. kühlen und anschließend servieren.

ZUTATEN

Für 15 Stück

Für die Plätzchen:
1 kleiner Hokkaidokürbis
200 g Mehl
2 TL Zimt
½ TL Weinsteinbackpulver
½ TL Natron
½ TL Salz
½ TL Piment
¼ TL gemahlene Nelken
¼ TL frisch geriebene Muskatnuss
120 ml Öl
100 g Muscovado-Zucker
50 g Zucker
2 Eier
1 TL Vanilleextrakt
Abrieb von ½ Bio-Orange
½ TL frisch geriebener Ingwer

Für die Füllung:
40 g Butter
60 g zimmerwarmer Frischkäse
1 EL Ahornsirup
½ TL Zimt
25 g Puderzucker

SNOWBALL COOKIES

Let it snow! Die Cookies in Form von kleinen Schneebällen werden nach dem Backen in Gewürz-Puderzucker mit Kardamom und Zimt gewälzt. Statt Mandeln können auch Pekannüsse, Walnüsse oder Haselnüsse verwendet werden, der Zitronenabrieb kann nach Belieben durch Orangenabrieb ersetzt werden.

ZUTATEN

Für ca. 30 Stück

3 EL gehackte Mandeln
90 g Mehl
65 g gemahlene blanchierte Mandeln
Je ½ TL Kardamom, Zimt und Piment
Je ¼ TL Ingwerpulver, frisch geriebene Muskatnuss und Salz
110 g zimmerwarme Butter
25 g Puderzucker
½ TL Vanilleextrakt
Abrieb von ½ Bio-Zitrone

Außerdem:
Ca. 100 g Puderzucker
¼ TL Kardamom
¼ TL Zimt

Die gehackten Mandeln in einer Pfanne ohne Fett bei mittlerer Hitze goldbraun anrösten. Vom Herd nehmen und abkühlen lassen.

Das Mehl mit gemahlenen Mandeln, Gewürzen und Salz in einer Schüssel gründlich vermengen. Die Butter in einer weiteren Schüssel in ca. 2 Min. cremig rühren. Zuerst den Puderzucker unter Rühren einrieseln lassen, dann den Vanilleextrakt und den Zitronenabrieb unterrühren. Die Mehl-Mandel-Mischung untermixen und den Teig abgedeckt 30 Min. im Kühlschrank ruhen lassen.

Den Backofen auf 160 °C vorheizen und ein Blech mit Backpapier auslegen. Den Puderzucker mit Kardamom und Zimt mischen, in ein Schälchen sieben und beiseitestellen. Den Teig aus dem Kühlschrank nehmen und mit einem Teelöffel kleine Portionen abstechen. Mit angefeuchteten Händen zu walnussgroßen Kugeln formen, auf dem Blech verteilen und in ca. 18 Min. im Ofen goldgelb backen. Herausnehmen, 2 Min. abkühlen lassen und die Kugeln im Gewürz-Puderzucker wenden. Auf einem Kuchengitter weitere 15 Min. abkühlen lassen und anschließend erneut im Puderzucker wenden. Die Cookies am besten bis zum nächsten Tag durchziehen lassen.

BISCOTTI MIT PISTAZIEN UND CRANBERRYS

Die Biscotti sind eine Abwandlung der bekannten italienischen Cantuccini und passen dank Pistazien und Cranberrys farblich perfekt in die Weihnachtszeit. Auch zum Eintunken in Kaffee oder Espresso sind diese knusprigen Kekse wunderbar geeignet. Wer keine Cranberrys mag, kann auf andere Trockenfrüchte zurückgreifen – der Kreativität sind hier keine Grenzen gesetzt.

Den Backofen auf 175 °C vorheizen und zwei Bleche mit Backpapier auslegen. Das Mehl mit Maismehl, Backpulver und Salz in einer Schüssel vermischen und beiseitestellen. Butter und Zucker in einer anderen Schüssel 3 Min. hell und cremig rühren. Die Eier einzeln gründlich unterrühren, anschließend Orangenabrieb und Vanilleextrakt zufügen. Die Mehlmischung portionsweise untermixen, dann Pistazien und Cranberrys zugeben und untermischen (der Teig sollte klebrig sein). Den Teig 30 Min. im Kühlschrank ruhen lassen.

Den Teig halbieren und beide Teigportionen zu schmalen Laiben formen. Die Hände mit etwas Wasser befeuchten und den Teig glatt streichen. Die Laibe in 25–30 Min. im Ofen goldbraun backen. Aus dem Backofen nehmen und 15 Min. abkühlen lassen. Die Ofentemperatur auf 160 °C reduzieren. Mit einem Sägemesser in 1,5 cm dicke Scheiben schneiden, diese auf zwei Blechen verteilen und weitere 7 Min. im Ofen backen. Die Biscotti wenden und in ca. 7 Min. fertig backen. Herausnehmen und vollständig abkühlen lassen.

Die Hälfte der Schokolade in einer Schüssel über dem warmen Wasserbad schmelzen. Die Schüssel vom Topf nehmen und die restliche Schokolade einrühren, bis sie vollständig geschmolzen ist. Die Biscotti mit der Unterseite in die Schokolade tunken und auf Backpapier oder einem Kuchengitter trocknen lassen.

ZUTATEN

Für ca. 24 Stück

150 g Mehl
150 g Maismehl
½ TL Weinsteinbackpulver
½ TL Salz
80 g zimmerwarme Butter
225 g Rohrohrzucker
2 Eier
Abrieb von 1 Bio-Orange
1 TL Vanilleextrakt
100 g Pistazienkerne
100 g getrocknete Cranberrys

Außerdem:
Ca. 150 g weiße Schokolade, fein gehackt

BLACK AND WHITE COOKIES

Diese Cookies sind ein absoluter Klassiker in New York und in beinahe jeder Bäckerei zu bekommen. Im Unterschied zu anderen Keksen sind sie nicht knusprig, sondern ähneln eher weichen Amerikanern oder saftigem Kuchen. Nachdem der Guss getrocknet ist, sollte man sie entweder zügig vernaschen oder luftdicht verschlossen aufbewahren, da sie sonst schnell trocken werden.

ZUTATEN

Für ca. 24 Stück

125 g Mehl
25 g Speisestärke
½ TL Natron
½ TL Salz
80 ml Buttermilch
½ TL Vanilleextrakt
75 g Butter
80 g Rohrohrzucker
1 Ei

Für die Glasur:
160 g + 2 TL Puderzucker
Ca. 100 ml kochend heißes Wasser
40 g Zartbitterschokolade (60 % Kakaoanteil), grob gehackt
½ TL Ahornsirup
1 EL Kakaopulver

Den Backofen auf 175 °C vorheizen und zwei Bleche mit Backpapier auslegen. Das Mehl mit Speisestärke, Natron und Salz in einer Schüssel mischen und beiseitestellen. Die Buttermilch in einer weiteren Schüssel mit dem Vanilleextrakt verquirlen und ebenfalls beiseitestellen.

Butter und Zucker in 3 Min. cremig rühren, das Ei zugeben und die Masse 1 Min. weiterschlagen. Dann abwechselnd die Mehlmischung und die Buttermilch in 3 Portionen untermixen. Die Teigmasse in einen Spritzbeutel füllen und ca. 24 runde Teighäufchen mit etwas Abstand zueinander auf die Bleche setzen. Nacheinander auf der mittleren Schiene ca. 12 Min. backen. Anschließend abkühlen lassen.

Für die Glasur 160 g Puderzucker in eine Schüssel sieben. Nach und nach ca. 50 ml kochend heißes Wasser einrühren, bis die Masse dickflüssig ist. Die Plätzchen auf der Unterseite bis zur Mitte mit dem weißen Guss bestreichen. Die Schokolade im übrigen heißen Wasser schmelzen. Sirup, Kakao und 2 TL Puderzucker unterrühren. Den dunklen Guss etwas abkühlen lassen und die andere Plätzchenhälfte damit bestreichen.

SANDWICH COOKIES MIT ERDNUSSBUTTER

Cremige Erdnussbutterfüllung zwischen zwei Schokoladenkeksen: We love it! Peanut Butter ist in Amerika eine beliebte Backzutat und darf daher auch in diesem Buch nicht fehlen. Ob cremig oder crunchy bleibt der persönlichen Vorliebe überlassen – auch bei diesem Rezept darf gerne variiert werden.

Den Backofen auf 175 °C vorheizen und zwei Bleche mit Backpapier belegen. Die Butter mit beiden Zuckersorten in einer Schüssel 3 Min. cremig rühren. Das Ei und den Vanilleextrakt zugeben und 1 Min. unterrühren. Mehl, Kakao, Salz und Natron in einer weiteren Schüssel gründlich mischen und mit einem Holzlöffel unterheben.

Aus dem Teig walnussgroße Kugeln formen, diese auf die Backbleche legen, leicht flach drücken und ca. 9 Min. backen. Die Plätzchen auf einem Kuchengitter vollständig auskühlen lassen.

Für die Füllung die Butter zunächst 3 Min. cremig rühren. Die übrigen Zutaten zufügen und untermixen. Die Hälfte der Plätzchen auf der flachen Seite mit der Füllung bestreichen, jeweils ein weiteres Plätzchen obenauf setzen und leicht andrücken.

ZUTATEN

Für ca. 12 Doppeldecker

Für den Teig:

125 g zimmerwarme Butter
80 g Rohrohrzucker
50 g Muscovado-Zucker
1 Ei
1 TL Vanilleextrakt
100 g Mehl
45 g Kakaopulver
½ TL Salz
¼ TL Natron

Für die Füllung:

40 g zimmerwarme Butter
150 g cremige Erdnussbutter
50 g Puderzucker
1 EL Milch
½ TL Vanilleextrakt

33-48

GINGER SNAPS MIT WEISSER SCHOKOLADE

Ingwer ist bereits seit Jahrhunderten für seine positive Wirkung auf die Gesundheit bekannt, als Gewürz findet die Knolle Verwendung in den verschiedensten Gerichten. Auch den Ginger Snaps verleihen Ingwerpulver und frisch geriebener Ingwer einen tollen Geschmack. Ihren Namen verdanken sie nicht nur der gesunden Knolle, sondern auch dem Knuspergeräusch („snapping sound") beim Verzehr.

ZUTATEN

Für ca. 35 Stück

300 g Mehl
2 TL Natron
1 ½ TL Ingwerpulver
1 TL Zimt
½ TL gemahlene Nelken
¼ TL Salz
180 g zimmerwarme Butter
120 g Muscovado-Zucker
1 Ei
80 g Melasse
1 ½ TL frisch geriebener Ingwer
50 g kandierter Ingwer, sehr fein gehackt
Ca. 3 EL Rohrohrzucker

Außerdem:
Ca. 200 g weiße Schokolade, fein gehackt
Ca. 20 g kandierter Ingwer, sehr fein gehackt

Das Mehl mit Natron, Ingwerpulver, Zimt, Nelken und Salz in einer Schüssel gründlich vermischen und beiseitestellen. Butter und Muscovado-Zucker in einer weiteren Schüssel in 3 Min. cremig rühren. Das Ei zugeben und 1 Min. untermixen. Die Melasse, den frischen und den kandierten Ingwer unterrühren, anschließend die Mehlmischung in 2 Portionen unterheben. Den Teig 30 Min. im Kühlschrank ruhen lassen.

Den Backofen auf 175 °C vorheizen und zwei Bleche mit Backpapier auslegen. Den Zucker in ein Schälchen füllen und beiseitestellen. Den Teig aus dem Kühlschrank nehmen, mit einem Teelöffel kleine Portionen abstechen und mit den Händen zu Kugeln formen. Leicht flach drücken, in Zucker wenden und mit etwas Abstand auf den Blechen verteilen. Die Plätzchen 12–15 Min. backen und anschließend auf einem Kuchengitter vollständig auskühlen lassen.

Etwa die Hälfte der Schokolade über dem warmen Wasserbad schmelzen. Anschließend die restliche Schokolade einrühren, bis sie vollständig geschmolzen ist. Die Ginger Snaps zur Hälfte hineintunken, auf Backpapier legen und mit kandiertem Ingwer bestreuen. Trocknen lassen und in Dosen aufbewahren.

Tipp: Ohne die Schokoglasur eignen sich diese Kekse gut als Basis für einen Cheesecake-Boden, z. B. für den Eggnog Cheesecake.

RUGELACH

Wo es die besten Rugelach der Stadt gibt, bleibt ein umstrittenes Thema. Fest steht, dass das Gebäck aus Israel stammt und sich in New York großer Beliebtheit erfreut. Die kleinen Hörnchen werden handgemacht und mit verschiedensten Füllungen angeboten.

Für den Teig Mehl und Salz in einer Schüssel vermischen. Butter und Frischkäse zufügen und alles mit den Fingern zu Streuseln verkneten. Anschließend das Eigelb und den Vanilleextrakt untermischen.

Den Teig in 4 Portionen teilen, diese jeweils zu einer Kugel formen und flach drücken. Die Teigportionen in Frischhaltefolie wickeln und mind. 2 Std. kalt stellen.

Den Backofen auf 180 °C vorheizen und zwei Bleche mit Backpapier auslegen. Für die Füllung die Walnusskerne, die Korinthen und die Schokolade sehr fein hacken oder im Blitzhacker zerkleinern. Zucker und Zimt in einer Schüssel vermengen und beiseitestellen. Die Arbeitsfläche mit Puderzucker bestäuben, eine Teigportion aus dem Kühlschrank nehmen und zu einem Kreis (Ø ca. 25 cm) ausrollen. Den Teig mit 2 EL Marmelade bestreichen und mit etwas Zucker und Zimt bestreuen. Dann ¼ der Füllung darauf verteilen.

Den Teigkreis mit einem Pizzaschneider oder einem scharfen Messer wie eine Torte in 12 Dreiecke schneiden. Diese von der breiten Seite her aufrollen, zu Hörnchen formen und auf die Bleche legen. Mit dem restlichen Teig ebenso verfahren. Die Rugelach in ca. 25 Min. goldbraun backen.

ZUTATEN

Für ca. 48 Stück

Für den Teig:
240 g Mehl
¼ TL Salz
230 g kalte Butter, in Würfeln
230 g kalter Frischkäse
1 Eigelb
1 TL Vanilleextrakt

Für die Füllung:
120 g Walnusskerne
75 g Korinthen
50 g Zartbitterschokolade
100 g brauner Zucker
3 TL Zimt
Ca. 8 EL Aprikosenmarmelade

Außerdem:
Puderzucker zum Ausrollen

PINWHEEL COOKIES

Wer beim Plätzchenbacken keine Lust auf das Ausstechen hat, der sollte dieses Rezept unbedingt probieren! Die beiden Teige werden einfach zu einer Rolle geformt und anschließend in Scheiben geschnitten. Hübsch verpackt sind diese Kekse ein super Mitbringsel in der Weihnachtszeit!

ZUTATEN

Für ca. 40 Stück

150 g zimmerwarme Butter
100 g Puderzucker
1 Prise Salz
200 g Mehl
2 EL Kakaopulver
¼ TL Vanilleextrakt
½ TL Pfefferminzextrakt
(alternativ einige Tropfen Pfefferminzöl)

Außerdem:
1 Eigelb
1 EL Milch

Die Butter in einer Schüssel 3 Min. cremig rühren. Puderzucker und Salz zufügen und die Masse ca. 2 Min. weiterschlagen, bis sie hell und luftig ist. Das Mehl darübersieben und untermischen. Den Teig halbieren und in zwei separate Schüsseln geben. Zu einer Teigportion Kakaopulver und Vanilleextrakt zufügen und untermischen, zur zweiten Teigportion den Pfefferminzextrakt geben und unterrühren.

Die Teige zwischen jeweils zwei Lagen Frischhaltefolie zu Rechtecken (ca. 15 x 30 cm, 4 mm dick) ausrollen. Den dunklen Teig etwas dünner ausrollen, sodass das Rechteck entsprechend größer ist. Eigelb und Milch verquirlen, den dunklen Teig dünn damit bestreichen und den hellen Teig darauflegen. Den Teig von der kurzen Seite her aufrollen, die Rolle anschließend an beiden Enden begradigen und quer halbieren. Die Teigrollen in Frischhaltefolie wickeln und 1 Std. tiefkühlen.

Den Backofen auf 175 °C vorheizen und zwei Bleche mit Backpapier auslegen. Die Teigrollen in ca. 5 mm dicke Scheiben schneiden und diese auf den Blechen verteilen. Die Pinwheel Cookies ca. 12 Min. backen und auf einem Kuchengitter auskühlen lassen.

ESSEX
HOUSE

SNICKERDOODLES

Wie die Snickerdoodles zu ihrem Namen gekommen sind, lässt sich nicht eindeutig ergründen. Eine Theorie besagt, das Wort beziehe sich auf das deutsche Wort „Schnecke", andere halten es schlichtweg für ein Kunstwort. Fakt ist aber, dass die Cookies vor dem Backen in Zimt-Zucker gewendet werden, wodurch sie besonders knusprig werden und einen traumhaften Duft verbreiten.

Das Mehl mit Backpulver, Natron und Salz in einer Schüssel mischen und beiseitestellen. Butter und beide Zuckersorten in einer weiteren Schüssel cremig rühren. Das Ei zugeben und die Masse 1 Min. weiterschlagen. Den Vanilleextrakt unterrühren, dann das Mehl in 2 Portionen unterheben. Den Teig 1 Std. im Kühlschrank ruhen lassen.

Den Backofen auf 175 °C vorheizen und zwei Bleche mit Backpapier auslegen. Zucker und Zimt in einem Schälchen vermischen und beiseitestellen. Mit einem Teelöffel kleine Portionen Teig abstechen und mit den Händen zu walnussgroßen Kugeln formen. Im Zimt-Zucker wälzen, leicht flach drücken und auf die Bleche legen. In ca. 10 Min. goldbraun backen, anschließend auf einem Kuchengitter auskühlen lassen.

ZUTATEN

Für ca. 24 Stück

180 g Mehl
¾ TL Weinsteinbackpulver
½ TL Natron
¼ TL Salz
110 g zimmerwarme Butter
75 g Rohrohrzucker
50 g Muscovado-Zucker
1 Ei
½ TL Vanilleextrakt

Außerdem:
1 EL Rohrohrzucker
½ EL Zimt

GINGERBREAD MEN

Um den kleinen Mann aus Lebkuchen ranken sich etliche Geschichten. Ein bekanntes Kindermärchen erzählt von einem alten Ehepaar, dem der frisch gebackene Gingerbread Man aus dem Ofen entwischt. Besonders viel Spaß macht es, die Lebkuchenmänner mit Zuckerguss zu verzieren. Am einfachsten funktioniert dies mit einem Zuckerstift, alternativ kann man Puderzucker und etwas Milch zu einer dickflüssigen Glasur anrühren und in einen Spritzbeutel mit sehr kleiner Tülle füllen.

ZUTATEN

Für ca. 25–30 Stück

Für den Teig:
210 g Mehl
1 ¼ TL Ingwerpulver
½ TL Zimt
½ TL Natron
¼ TL gemahlene Nelken
¼ TL frisch geriebene Muskatnuss
1 Prise Salz
85 g zimmerwarme Butter
90 g Rohrohrzucker
1 Eigelb
50 g Melasse

Für die Deko:
1 Zuckerstift (weiß)

Außerdem:
Mehl für die Arbeitsfläche

Das Mehl mit Ingwer, Zimt, Natron, Nelken, Muskatnuss und Salz in eine Schüssel geben und gründlich vermengen. Die Butter in einer weiteren Schüssel 3 Min. cremig rühren, dann den Zucker einrieseln lassen und 2 Min. weiterrühren. Das Eigelb und die Melasse zufügen und unterrühren. Die Mehlmischung nach und nach zugeben und alles zu einem homogenen Teig verarbeiten. Abgedeckt mind. 2 Std., am besten aber über Nacht im Kühlschrank ruhen lassen.

Den Backofen auf 175 °C vorheizen und zwei Bleche mit Backpapier auslegen. Den Teig auf der leicht bemehlten Arbeitsfläche ca. 3 mm dünn ausrollen, Figuren ausstechen und diese auf den Blechen verteilen. Je nach Größe 8–12 Min. backen und anschließend auf einem Kuchengitter abkühlen lassen.

Die Plätzchen mit dem Zuckerstift verzieren.

CHEESECAKE COOKIES

Nichts geht über einen saftigen New York Cheesecake – daher sind auch diese kleinen Leckerbissen ein absoluter Hochgenuss. Das passende Topping darf auf keinen Fall fehlen. Statt Sauerkirschkonfitüre kann auch Preiselbeer- oder Aprikosenkonfitüre verwendet werden.

Den Frischkäse in einer Schüssel cremig rühren. Butter und Zucker zugeben und die Masse schaumig schlagen. Das Ei und den Vanilleextrakt unterrühren. Das Mehl mit Natron und Salz vermischen und unterheben. Den Teig über Nacht im Kühlschrank ruhen lassen.

Am nächsten Tag den Backofen auf 175 °C vorheizen und ein Blech mit Backpapier belegen. Die Kekse (ohne Creme) fein zerbröseln, in ein Schälchen füllen und beiseitestellen. Den Teig aus dem Kühlschrank nehmen, mit den Händen zu Kugeln (Ø ca. 2,5 cm) formen und in den Keksbröseln wenden. Die Cookies auf das Blech legen, mit dem Stiel eines Kochlöffels in die Mitte eine Vertiefung drücken und diese mit ein wenig Konfitüre füllen. Die Plätzchen ca. 12 Min. im Ofen backen.

ZUTATEN

Für ca. 48 Stück

220 g zimmerwarmer Frischkäse
120 g zimmerwarme Butter
130 g Rohrohrzucker
1 Ei
1 TL Vanilleextrakt
250 g Mehl
1 gestr. TL Natron
¼ TL Salz
12 Oreo-Kekse (alternativ die Kekse aus dem Rezept Sandwich Cookies mit Erdnussbutter, s. S. 41)
Einige EL Sauerkirschkonfitüre

NEW YORK PALACE

COOKIES MIT ÄPFELN UND HAFERFLOCKEN

Kekse mit kernigen Haferflocken sind in der Vorweihnachtszeit besonders beliebt. Durch das Anrösten der Haferflocken bekommen sie einen noch intensiveren Geschmack. Kleiner Tipp: Am zweiten Tag schmecken die Cookies sogar noch besser!

ZUTATEN

Für ca. 30 Stück

Für die Cookies:

150 g kernige Haferflocken
½ Apfel
1 TL Zitronensaft
60 g zimmerwarme Butter
150 g Muscovado-Zucker
50 g Rohrohrzucker
90 g Apfelmus
1 Ei
1 EL Zuckerrübensirup
1 TL Vanilleextrakt
150 g Mehl
1 TL Zimt
½ TL Weinsteinbackpulver
½ TL Natron
½ TL Salz
¼ TL Kardamom
¼ TL frisch geriebene Muskatnuss
80 g Walnusskerne, fein gehackt

Für die Glasur:

1 Zuckerstift (weiß)

Den Backofen auf 175 °C vorheizen und zwei Bleche mit Backpapier auslegen. Die Haferflocken in einer kleinen Pfanne ohne Fett bei mittlerer Hitze anrösten. Vom Herd nehmen und abkühlen lassen. Den Apfel in sehr kleine Würfel schneiden und mit Zitronensaft beträufeln.

Die Butter und beide Zuckersorten in einer Schüssel 3 Min. cremig rühren. Apfelmus, Ei, Sirup und Vanilleextrakt verquirlen, zugeben und die Masse in ca. 1 Min. hell und luftig schlagen. Das Mehl mit Zimt, Backpulver, Natron, Salz, Kardamom und Muskatnuss verrühren und mit einem Holzlöffel unterheben. Anschließend die Walnüsse, die Haferflocken und die Apfelwürfel untermischen.

Mit einem Esslöffel kleine Teighäufchen auf die Bleche setzen und die Cookies in 13–15 Min. goldbraun backen. Herausnehmen und auf einem Kuchengitter vollständig abkühlen lassen.

Die abgekühlten Cookies mit dem Zuckerstift verzieren.

HOLIDAY CAKES

PIES, CUPCAKES & CO

GRAPE PIE

Auf einen leckeren Pie sollte man bei einem New York-Besuch auf keinen Fall verzichten. Ihn zu finden dürfte nicht schwierig sein, denn er gehört zum Standardrepertoire einer guten Bakery. Der berühmteste Vertreter seiner Art ist wohl der klassische Apple Pie – ihm ist sogar ein eigener Feiertag gewidmet: Am 13. Mai feiert man in den USA den „National Apple Pie Day"!

Für den Teig das Mehl mit Zucker, Salz und Zimt in einer Schüssel mischen. Die Butter zufügen und alles zügig mit den Fingern zu erbsengroßen Streuseln verarbeiten. Nach und nach so viel Wasser zugeben, bis ein glatter Teig entsteht. Den Teig flach drücken, in Frischhaltefolie wickeln und für 2 Std. kalt stellen.

Für die Füllung die Trauben in einen Topf geben und bei mittlerer Hitze ca. 8 Min. köcheln lassen. Die restlichen Zutaten zufügen und unterrühren, bis die Masse eindickt.

Den Backofen auf 200 °C vorheizen. Den Teig in 2 Portionen teilen, wobei eine etwas größer sein sollte. Die größere Teigportion auf der leicht bemehlten Arbeitsfläche ausrollen und eine Pie-Form damit auskleiden, dabei den Rand etwas überstehen lassen. Diesen nach unten einschlagen und nach Belieben verzieren (z. B. mit drei Fingern Wellen formen oder mit einer Gabel ein Muster eindrücken). Den Teig in der Form kalt stellen. In der Zwischenzeit den restlichen Teig ausrollen und Sterne oder andere Formen ausstechen.

Die Füllung auf dem Pie-Boden verteilen und die Teigsterne gleichmäßig darauf verteilen. Das Eigelb mit der Sahne verquirlen, den Teig damit bestreichen. Den Kuchen 20 Min. backen, dann die Temperatur auf 175 °C reduzieren und den Pie in ca. 20 Min. fertig backen.

Tipp: Dazu schmeckt eine Kugel Vanilleeis.

ZUTATEN

Für 1 Form (ø 22 cm)

Für den Teig:
280 g Mehl
1 EL Rohrohrzucker
½ TL Salz
1 Prise Zimt
180 g kalte Butter, in Würfeln
Ca. 6 EL eiskaltes Wasser

Für die Füllung:
1 kg sehr dunkle blaue Trauben
100 g Rohrohrzucker
2 TL Zitronensaft
3 ½ EL Speisestärke
1 TL Abrieb von 1 Bio-Orange
1 Prise gemahlene Nelken

Außerdem:
Mehl für die Arbeitsfläche
1 Eigelb
1 EL Sahne

GINGERBREAD COOKIE CUPS

New York ist die Stadt der verrückten Food-Trends. So ist der Cronut – eine Kombination aus Donut und Croissant – mittlerweile über die Landesgrenzen hinaus bekannt. Sein Erfinder Dominique Ansel kreierte außerdem den Cookie Cup: einen kleinen Becher aus Keksteig, der mit Vanillemilch gefüllt wird. Wir entscheiden uns für eine cremige Frischkäse-Füllung und einen knusprigen Teig mit Lebkuchenaroma.

ZUTATEN

Für ca. 36 Stück

Für die Cookie Cups:
125 g zimmerwarme Butter
120 g Muscovado-Zucker
60 g Melasse
1 Ei
1 TL Abrieb von 1 Bio-Orange
260 g Mehl
2 TL Kakaopulver
½ TL Natron
1 ½ TL Ingwerpulver
1 TL Zimt
¼ TL gemahlene Nelken
1 Prise Salz

Für die Füllung:
75 g Zartbitterschokolade (60 % Kakaoanteil), grob gerieben
150 ml Sahne
200 g zimmerwarmer Frischkäse
100 g Puderzucker
¼ TL Ingwerpulver
1 EL Orangensaft

Außerdem:
Butter und Mehl für die Form
Zimt zum Bestäuben

Die Butter und den Muscovado-Zucker in einer Schüssel in 3 Min. cremig rühren. Melasse, Ei und Orangenabrieb unterrühren und die Masse 1 Min. weiterschlagen. Das Mehl mit Kakao, Natron, Ingwer, Zimt, Nelken und Salz in einer weiteren Schüssel mischen, zur Butter-Ei-Mischung geben und alles zu einem glatten Teig verarbeiten. Ca. 1 Std. im Kühlschrank ruhen lassen.

Den Backofen auf 175 °C vorheizen, eine Mini-Muffinform buttern und mit Mehl bestäuben. Den Teig portionsweise mit den Händen zu 36 walnussgroßen Kugeln formen und diese flach drücken. Die Förmchen mit dem Teig auskleiden und die Cups 10 Min. backen (nicht bräunen). Herausnehmen und die noch heißen Cookie Cups evtl. etwas in die Form drücken, um die Mulde zu vergrößern. Jeweils 1 TL geriebene Schokolade hineinfüllen und darin schmelzen lassen. Mit einem Backpinsel die geschmolzene Schokolade auf den Innenseiten der Cookie Cups verteilen, anschließend abkühlen lassen.

Für die Füllung die Sahne steif schlagen. Die restlichen Zutaten in einer Schüssel cremig schlagen und die Sahne in 3 Portionen unterheben. Die Masse in einen Spritzbeutel geben, auf die Cookie Cups spritzen und mit etwas Zimt bestäubt servieren.

COFFEE CAKE MIT CRANBERRY-FROSTING

Am Vortag die gezuckerten Cranberrys herstellen. Dafür 30 ml Wasser mit 25 g Zucker aufkochen. Wenn der Zucker gelöst ist, vom Herd nehmen. Die Cranberrys im Sirup wenden, herausnehmen und 1 Std. auf einem Pralinengitter o. Ä. leicht trocknen lassen. Anschließend im restlichen Zucker wenden und über Nacht auf Backpapier trocknen lassen.

Den Backofen auf 160 °C vorheizen. Zwei Springformen buttern und mit Kakaopulver bestäuben. Für den Teig die Butter im heißen Kaffee schmelzen. Den Kakao mit Mehl, beiden Zuckersorten, Backpulver, Natron und Salz in eine Schüssel geben und gründlich mischen. Eier mit Buttermilch und Vanilleextrakt in einer weiteren Schüssel verquirlen. Dann abwechselnd die Eier-Buttermilch-Mischung und die Butter-Kaffee-Mischung portionsweise in die Mehlmischung einrühren. Den flüssigen Teig gleichmäßig auf die Backformen verteilen und 35–40 Min. backen. Stäbchenprobe machen!

Die Tortenböden aus dem Ofen nehmen, 10 Min. abkühlen lassen und anschließend aus den Formen lösen. Auf Kuchengittern vollständig auskühlen lassen. Die Böden evtl. mit einem großen Sägemesser begradigen.

Für die Creme die Cranberrys mit Zucker, Salz und 80 ml Wasser in einen Topf geben. Aufkochen und ca. 5 Min. köcheln lassen. Vom Herd nehmen, pürieren und abkühlen lassen. Die Butter in einer Schüssel 3 Min. cremig rühren. Frischkäse, Puderzucker und das Cranberry-Püree zugeben und alles zu einer glatten Creme verrühren.

Ca. ⅓ der Creme auf den ersten Tortenboden streichen und den zweiten Boden daraufsetzen. Die Torte rundum dünn mit Creme bestreichen und 15 Min. kalt stellen. Anschließend die Torte mit der restlichen Creme sauber ummanteln. Die gezuckerten Cranberrys als Topping auf der Torte verteilen.

ZUTATEN

Für 2 Springformen (⌀ 20 cm)

Für den Teig:
100 g Butter, in Würfeln
240 ml heißer Kaffee (alternativ Wasser)
100 g Kakaopulver
200 g Mehl
180 g Rohrohrzucker
120 g brauner Zucker
2 TL Weinsteinbackpulver
1 ½ TL Natron
¼ TL Salz
3 Eier
240 ml Buttermilch
2 TL Vanilleextrakt

Für die Creme:
300 g frische Cranberrys
40 g Rohrohrzucker
1 Prise Salz
300 g zimmerwarme Butter
150 g zimmerwarmer Frischkäse
120 g Puderzucker

Für die Cranberrys:
Ca. 100 g Rohrohrzucker
70 g frische Cranberrys

Außerdem:
Butter und Kakaopulver für die Formen

CHOCOLATE PECAN BARS MIT SALZKARAMELL

ZUTATEN

Für 1 Backform (20 x 30 cm)

Für den Boden und die Streusel:
125 g Mehl
80 g Butter, zerlassen
60 g Puderzucker
¼ TL Salz

Für die Schokoladenschicht:
100 g Mehl
75 g Rohrohrzucker
50 g Muscovado-Zucker
25 g Kakaopulver
½ TL Weinsteinbackpulver
Je ¼ TL Natron und Salz
100 g Butter, zerlassen und abgekühlt
2 Eier
1 TL Vanilleextrakt
70 g Zartbitterschokolade (60 % Kakaoanteil), gehackt
30 g Pekannüsse, fein gehackt

Für die Karamellschicht:
100 g Rohrohrzucker
1 EL Ahornsirup
10 g kalte Butter
60 ml Sahne
Je ½ TL Vanilleextrakt und Salz

Für das Topping:
30 g Zartbitterschokolade (60 % Kakaoanteil), gehackt
70 g Pekannüsse, gehackt

Den Backofen auf 175 °C vorheizen und eine rechteckige Backform mit Backpapier auskleiden. Für den Boden und die Streusel alle Zutaten in einer Schüssel vermengen. Von der Teigmasse 25 g beiseitestellen, den Rest in der Form verteilen, mit den Händen festdrücken und in ca. 10 Min. goldgelb backen. Herausnehmen und 20 Min. abkühlen lassen.

Für die Schokoladenschicht Mehl, beide Zuckersorten, Kakaopulver, Backpulver, Natron und Salz in einer Schüssel mischen. Butter, Eier und Vanilleextrakt in einer weiteren Schüssel verquirlen. Zur Mehlmischung geben und unterrühren, dann die Schokolade und die Nüsse zufügen und unterheben. Den Teig auf den gebackenen Boden streichen und ca. 25 Min. backen. Aus dem Ofen nehmen und kurz abkühlen lassen (den Ofen nicht ausschalten).

Für die Karamellschicht Zucker, Ahornsirup und 4 EL Wasser in einen Topf geben und bei mittlerer Hitze ca. 12 Min. karamellisieren lassen. Zuerst die Butter zugeben, dann die Sahne mit Vanilleextrakt und Salz mischen und unterrühren. Den Karamell auf die Schokoschicht träufeln, darauf die gehackte Schokolade und die Nüsse verteilen. Zum Schluss den Kuchen mit den restlichen Streuseln bestreuen und weitere 5 Min. backen. Vollständig auskühlen lassen und in Quadrate schneiden.

Sprint

DRIP COFFEE
COLD BREW
HOT TEA
ICED TEA
SPECIALTY
ESPRESSO
AMERICANO
MACCHIATO
CORTADO
CAPPUCINO
LATTE
CHAI LATTE
MATCHA
MATCHA
MATCHA SODA
MATCHA LATTE

CAFÉ MEDI

HOLIDAY BUNDT CAKE MIT ORANGENGLASUR

Den Backofen auf 165 °C vorheizen. Eine Kranzform buttern und mit Mehl bestäuben. Die Aprikosen in ein Schälchen geben und mit Bourbon beträufeln. Die Pekannüsse auf einem Backblech verteilen und im Ofen ca. 6 Min. rösten. Herausnehmen und fein hacken.

Das Mehl mit Backpulver, Gewürzen, Natron und Salz in einer Schüssel mischen. Die Buttermilch mit Melasse, Vanilleextrakt, Orangenabrieb und Ingwer in einer weiteren Schüssel verquirlen. Das Öl mit beiden Zuckersorten in eine dritte Schüssel geben und in ca. 3 Min. hell und luftig rühren. Die Eier nacheinander zugeben und jeweils 1 Min. untermixen. Dann abwechselnd die Mehlmischung und die Buttermilchmischung in 2 Portionen untermengen. Die Aprikosen, 100 g der gerösteten Pekannüsse und die Cranberrys unterheben.

Den Teig in die Form füllen und 60–70 Min. backen. Stäbchenprobe machen! Den Kuchen aus dem Backofen nehmen und ein feuchtes Geschirrtuch um die Unterseite der Form schlagen. Nach ca. 10 Min. den Kuchen auf ein Kuchengitter stürzen und vollständig auskühlen lassen.

Für den Guss den Puderzucker in ein Schälchen geben und mit Orangenabrieb und -saft glatt rühren. Die gewölbte Seite des Kuchens damit beträufeln, sodass der Guss leicht an den Seiten herabläuft und den Kuchen anschließend mit den restlichen Pekannüssen und mit Orangenabrieb garnieren.

ZUTATEN

Für 1 Kranzform (ø 22 cm)

Für den Teig:

100 g getrocknete Aprikosen, fein gehackt
3 EL Bourbon (alternativ Orangensaft)
150 g Pekannüsse
360 g Mehl
1 ½ TL Weinsteinbackpulver
1 ½ TL Zimt
1 TL Piment
Je ½ TL Kardamom, gemahlene Nelken, frisch geriebene Muskatnuss und Natron
1 TL Salz
240 ml Buttermilch
100 g Melasse
2 TL Vanilleextrakt
Abrieb von 1 Bio-Orange
2 TL frisch geriebener Ingwer
240 ml Kokosöl (alternativ neutrales Pflanzenöl)
150 g brauner Zucker
100 g Rohrohrzucker
4 Eier
30 g getrocknete Cranberrys

Für den Guss:

100 g Puderzucker
1 EL Abrieb und 30 ml Saft von 1 Bio-Orange

Außerdem:

Butter und Mehl für die Form

RED VELVET CHRISTMAS CUPCAKES

ZUTATEN

Für 12 Stück

Für den Teig:
130 g Mehl
1 ½ EL Kakaopulver
¼ TL Salz
¼ TL Weinsteinbackpulver
60 g zimmerwarme Butter
130 g Rohrohrzucker
1 Ei
120 ml zimmerwarme Buttermilch
1 ½ EL rote Lebensmittelfarbe (alternativ Rote-Bete-Pulver)
1 TL Vanilleextrakt
1 TL Apfelessig
¼ TL Natron

Für die Creme:
120 ml Milch
20 g Mehl
1 Prise Salz
100 g zimmerwarme Butter
1 TL Vanillezucker
60 g Puderzucker

Außerdem:
Cupcake-Förmchen aus Papier
Kleine Zuckersternchen zum Verzieren nach Belieben

Für die Creme Milch mit Mehl und Salz in einem Topf vermischen. Unter Rühren aufkochen lassen und weiter erhitzen, bis die Masse eingedickt ist. Vom Herd nehmen, Frischhaltefolie direkt auf den Pudding legen und diesen vollständig abkühlen lassen. Die Butter mit Vanille- und Puderzucker in 3 Min. cremig rühren. Den Pudding nach und nach einrühren, bis die Masse fluffig ist. Bis zum Gebrauch kalt stellen.

Den Backofen auf 175 °C vorheizen und Papierförmchen in die Mulden eines Muffinblechs setzen. Das Mehl mit Kakaopulver, Salz und Backpulver in einer Schüssel mischen und beiseitestellen. Die Butter in 3 Min. cremig rühren, dann den Zucker unter Rühren nach und nach zugeben. Das Ei zufügen und die Masse 1 Min. weiterschlagen. Die Buttermilch mit der Lebensmittelfarbe und der Vanille verquirlen. Abwechselnd die Buttermilch und die Mehlmischung in 2 Portionen zugeben, dabei stetig rühren. Essig und Natron in einem kleinen Schälchen verrühren und untermischen. Den Teig in die Cupcake-Förmchen füllen und 15–18 Min. backen. Vollständig auskühlen lassen.

Die Creme in einen Spritzbeutel mit breiter Lochtülle füllen. Jeweils ein Häubchen auf die Cupcakes setzen und diese mit kleinen Zuckersternchen verzieren.

GINGERBREAD-BIRNEN-KUCHEN

Am Vortag für die Birnen 1,5 l Wasser mit dem Zucker in einem Topf verrühren. Die Vanilleschote längs halbieren und das Mark auskratzen. Vanillemark und -schote, Ingwer, Zimtstangen, Sternanise und Kardamom in das Wasser geben. Alles bei geringer Hitze um die Hälfte einkochen lassen. Die Birnen schälen, dabei die Stiele nicht entfernen. Dann in eine Schüssel geben, mit dem Sirup übergießen und über Nacht im Kühlschrank durchziehen lassen.

Am nächsten Tag den Backofen auf 170 °C vorheizen und eine Kastenform mit Backpapier auskleiden. Die Birnen aus dem Sirup nehmen und gründlich abtropfen lassen. Das Mehl mit Zimt, Backpulver, Natron, Salz und Gewürzen in einer Schüssel gründlich vermischen und beiseitestellen. Butter und Zucker in einer zweiten Schüssel 3 Min. cremig rühren. Das Ei zugeben und 1 Min. untermixen. Anschließend Melasse, Honig, Ingwer und Vanilleextrakt unterrühren. Abwechselnd die Mehlmischung und den Joghurt in 2 Portionen untermischen.

Den Teig in die Backform füllen und die Birnen nebeneinander hineinsetzen, sodass die Stiele oben herausgucken. Zucker und Ingwer vermischen, auf den Teig streuen und den Kuchen in 60–70 Min. goldbraun backen. Stäbchenprobe machen! Den Kuchen aus dem Ofen nehmen, abkühlen lassen und mit Puderzucker bestäubt servieren.

ZUTATEN

Für 1 Kastenform (mind. 30 x 11 cm)

Für die Birnen:

140 g Rohrohrzucker
1 Vanilleschote
1 Stück Ingwer (1 cm)
2 Zimtstangen
2 Stück Sternanis
6 Kardamomkapseln
4–5 kleine Birnen (sollen nebeneinander in die Backform passen)

Für den Teig:

230 g Mehl
1 ½ TL Zimt
1 TL Weinsteinbackpulver
Je ¼ TL Natron, Salz, Piment, gemahlene Nelken und frisch geriebene Muskatnuss
110 g zimmerwarme Butter
100 g brauner Zucker
1 Ei
70 g Melasse
40 g Honig
1 ½ EL frisch geriebener Ingwer
½ TL Vanilleextrakt
150 g Joghurt
1 ½ EL Rohrohrzucker
½ TL Ingwerpulver

Außerdem:

Puderzucker zum Bestäuben

UPSIDE-DOWN CAKE MIT CRANBERRYS

Erfunden wurde der Upside-down Cake etwa 1925. In dieser Zeit gab es auch die ersten Convenience-Produkte wie zum Beispiel Ananasringe in Dosen. Gepaart mit Cocktailkirschen wurden sie häufig für diesen Kuchenklassiker verwendet, der sich besonders aufgrund seiner einfachen Rezeptur und der kurzen Zubereitungszeit bis heute großer Beliebtheit erfreut. Die Früchte kommen dabei zuerst in die Form, erstrahlen beim Stürzen in voller Pracht und machen den Kuchen extra saftig.

ZUTATEN

Für 1 Springform (Ø 23 cm)

1 Bio-Orange
150 g frische Cranberrys
200 g Mehl
40 g Maismehl
2 TL Weinsteinbackpulver
¼ TL Natron
¼ TL Salz
1 Msp. Zimt
160 ml Buttermilch
1 TL Vanilleextrakt
1 TL Mandelextrakt
100 g zimmerwarme Butter
120 g Rohrohrzucker
2 Eier

Außerdem:
1 EL Butter und 70 g brauner Zucker für die Form

Den Backofen auf 175 °C vorheizen und eine Springform von außen mit Alufolie umwickeln, damit der Teig nicht ausläuft. Die Form mit Butter fetten und mit braunem Zucker ausstreuen.

Die Orange heiß abwaschen und trocken tupfen, die Schale abreiben und beiseitestellen. Die Orange halbieren, die eine Hälfte auspressen und den Saft mit den Cranberrys in einen kleinen Topf geben. Aufkochen und bei mittlerer Hitze ca. 4 Min. köcheln lassen. Vom Herd nehmen und abkühlen lassen. Die zweite Orangenhälfte schälen, dabei auch die weiße Haut entfernen. 3 dünne Orangenscheiben abschneiden, halbieren und auf den Springformboden legen. Die Cranberrymasse darauf verteilen.

Das Mehl mit Maismehl, Backpulver, Natron, Salz und Zimt in einer Schüssel vermischen. In einer zweiten Schüssel die Buttermilch mit Vanille- und Mandelextrakt und dem Orangenabrieb verquirlen. Beides beiseitestellen. Butter und Zucker in 3 Min. cremig rühren. Die Eier einzeln zugeben und jeweils 1 Min. untermixen. Abwechselnd die Mehl- und die Buttermilchmischung in 2 Portionen mit einem Holzlöffel unterrühren.

Den Teig auf den Cranberrys verteilen und den Kuchen ca. 50 Min. backen. Stäbchenprobe machen! Anschließend aus dem Ofen nehmen und 15 Min. in der Form abkühlen lassen. Dann auf ein Kuchengitter stürzen und vollständig auskühlen lassen.

Tipp: Dazu passt Schlagsahne mit einer Prise Zimt.

EGGNOG CHEESECAKE

Den Backofen auf 180 °C vorheizen und eine Springform von außen mit zwei Lagen Alufolie umwickeln, damit die Teigmasse nicht ausläuft. Mind. 1 l Wasser aufkochen. Für den Boden die Kekse fein zerbröseln und mit den restlichen Zutaten in einer Schussel vermischen. Die Brösel fest in die Springform drücken und den Boden 10 Min. backen. Aus dem Ofen nehmen und abkühlen lassen.

Den Frischkäse in einer Schüssel cremig rühren, Crème fraîche und Butter zufügen und unterrühren. Zucker, Speisestärke, Muskatnuss und Zimt untermischen. Rum und Cognac zugießen und untermixen. Zum Schluss die Eier und die Eigelbe einzeln unterrühren. Die Masse auf den Keksboden gießen und die Springform in eine rechteckige Backform oder ein tiefes Backblech setzen. So viel heißes Wasser in die große Form oder auf das Blech gießen, dass es ca. 2,5 cm hoch steht.

Den Cheesecake 45 Min. im Ofen backen, dann die Temperatur auf 160 °C reduzieren und den Kuchen in ca. 25 Min. fertig backen. Er sollte noch ein wenig wackelig sein. Den Ofen ausschalten und den Kuchen 1 Std. im Backofen bei leicht geöffneter Backofentür abkühlen lassen. Anschließend herausnehmen, die Alufolie entfernen und den Kuchen in der Form auf einem Kuchengitter vollständig auskühlen lassen. Mit Frischhaltefolie bedecken und mind. 4 Std., besser aber über Nacht, in den Kühlschrank stellen. Anschließend den Kuchen aus der Form lösen.

Die Sahne steif schlagen, mit Puderzucker süßen und auf den Cheesecake streichen. Mit Muskat und Zimt bestäuben. Die weiße Schokolade raspeln und den Cheesecake damit verzieren.

ZUTATEN

Für 1 Springform (Ø 23 cm)

Für den Boden:

160 g Butterkekse (alternativ Ginger Snaps, s. Rezept auf S. 44)
80 g Butter, zerlassen
2 EL brauner Zucker
¼ TL Zimt

Für die Füllung:

900 g zimmerwarmer Frischkäse
250 g zimmerwarme Crème fraîche
25 g weiche Butter
200 g Rohrohrzucker
2 EL Speisestärke
1 ½ TL frisch geriebene Muskatnuss
1 TL Zimt
3 EL brauner Rum
2 EL Cognac
4 Eier
2 Eigelb

Außerdem:

200 ml Sahne
1 EL Puderzucker nach Belieben
Etwas frisch geriebene Muskatnuss und Zimt zum Bestäuben
Ca. 25 g weiße Schokolade

FRUIT CAKE MIT SCHOKOLADE

ZUTATEN

Für 1 Springform (Ø 23 cm)

Je 100 g getrocknete Aprikosen, Datteln, Feigen, Pflaumen und Rosinen
140 g getrocknete Kirschen
1 Vanilleschote
100 ml Bourbon (alternativ Rum)
100 ml heißes Wasser
160 g Mehl
2 TL Kakaopulver
1 TL Weinsteinbackpulver
½ TL Zimt
1 Prise Salz
Je 120 g Pistazienkerne, Pekannüsse und Mandeln, fein gehackt
100 g Edelbitterschokolade (70 % Kakaoanteil), grob gehackt
75 g Cranberrys, gehackt
100 g zimmerwarme Butter
100 g Muscovado-Zucker
2 Eier

Für das Topping:
Blanchierte Mandeln
Gemischte Trockenfrüchte nach Belieben (Datteln, Cranberrys, Feigen, Aprikosen)
2 EL Zucker
3 EL Aprikosenmarmelade

Außerdem:
Butter für die Form

Aprikosen, Datteln, Feigen und Pflaumen grob hacken und mit Rosinen und Kirschen in eine hitzebeständige Schüssel geben. Die Vanilleschote längs halbieren und das Mark auskratzen. Die Schote zu den Trockenfrüchten geben, das Mark beiseitestellen. Den Bourbon erwärmen, mit dem heißen Wasser zu den gehackten Trockenfrüchten geben und diese 1 Std. durchziehen lassen (gelegentlich umrühren). Anschließend abgießen, den Bourbon dabei auffangen und die Vanilleschote entfernen.

Den Backofen auf 160 °C vorheizen. Eine Springform buttern und mit Backpapier auskleiden.

Das Mehl mit Kakaopulver, Backpulver, Zimt und Salz in einer Schüssel mischen. Nüsse, Mandeln, Schokolade und Cranberrys zugeben und unterrühren. Butter und Zucker in einer zweiten Schüssel 3 Min. cremig rühren. Die Eier einzeln untermixen und das Vanillemark untermischen. Zuerst die eingeweichten Früchte, dann die Nuss-Frucht-Mehl-Mischung mit einem Holzlöffel unterheben. Den Teig in die vorbereitete Form füllen, glatt streichen und mit Mandeln belegen.

Den Kuchen 60–75 Min. im Ofen backen und nach der Hälfte der Zeit mit Backpapier abdecken. Aus dem Ofen nehmen und vollständig abkühlen lassen. Die Trockenfrüchte grob hacken und auf dem Kuchen verteilen. Ca. 200 ml des aufgefangenen Bourbons bei geringer Hitze erwärmen und den Zucker und die Marmelade einrühren. Den Kuchen nach Belieben vor dem Servieren mit Bourbonglasur beträufeln.

MINI CRANBERRY PIES

Diese kleinen Leckerbissen dürfen nach Herzenslust variiert werden. Statt Cranberrys können für die Füllung zum Beispiel Blaubeeren verwendet werden. Noch ein Plus: Sie eignen sich prima zum Mitnehmen!

Für den Teig das Mehl mit Zucker, Pekannüssen, Salz und Zimt in einer Schüssel vermischen. Butter und Schokolade zugeben und alles mit den Fingern zügig zu feinen Streuseln verarbeiten. Das Ei verquirlen und zufügen. Zu einem glatten Teig kneten und in Frischhaltefolie gewickelt 30 Min. im Kühlschrank ruhen lassen.

Für die Füllung Cranberrys und Zucker in einem Topf vermengen. Die Mandarinen heiß abwaschen und trocken tupfen, die Schale abreiben und zugeben. Aufkochen und bei mittlerer Hitze ca. 3 Min. köcheln lassen. Den Mandarinensaft auspressen, mit der Speisestärke glatt rühren und mit dem Salz zu den Cranberrys geben. Alles 1 Min. weiterköcheln lassen, anschließend vom Herd nehmen und abkühlen lassen.

Den Backofen auf 200 °C vorheizen. Die Mulden einer Muffinform leicht buttern. Den Teig auf der leicht bemehlten Arbeitsfläche ca. 4 mm dick ausrollen und 12 Kreise (∅ 5–6 cm) ausstechen. In die Mulden der Muffinform setzen und die Cranberryfüllung hineingeben. Aus dem restlichen Teig 12 Kreise (∅ ca. 6 cm) ausstechen. Mittig kleine Herzen ausstechen, die Teigkreise anschließend auf die Füllung setzen. Das Eigelb mit 1 EL Wasser glatt rühren und die Pies damit bestreichen. In 12–14 Min. goldbraun backen.

ZUTATEN

Für 12 Stück

Für den Teig:
350 g Mehl
120 g Rohrohrzucker
3 EL gemahlene Pekannüsse (alternativ gemahlene Mandeln)
¼ TL Salz
¼ TL Zimt
150 g kalte Butter, in Würfeln
50 g weiße Schokolade, fein gerieben
1 Ei

Für die Füllung:
400 g frische Cranberrys
110 g Rohrohrzucker
2 Bio-Mandarinen
1 EL Speisestärke
1 Prise Salz

Außerdem:
Butter für die Form
Mehl für die Arbeitsfläche
1 Eigelb zum Bestreichen

CHRISTMAS BREAKFAST

BREAD, MUFFINS & BUNS

BANANA PECAN WAFFLES

Genau wie Overnight Oats lassen sich auch diese Waffeln bequem am Abend vorbereiten: Der Teig kann anschließend über Nacht im Kühlschrank gehen und am nächsten Morgen sind die fluffigen Waffeln im Handumdrehen auf dem Tisch. Als Topping empfehlen wir süßen Ahornsirup, der perfekt zu Bananen und Pekannüssen passt.

ZUTATEN

Für ca. 8 Waffeln

Für die Waffeln:
250 g Mehl
2 EL gemahlene Pekannüsse (alternativ gemahlene Mandeln)
2 EL brauner Zucker
1 ½ TL Trockenhefe
½ TL Salz
½ TL Zimt
330 ml Buttermilch
50 g Butter, zerlassen
1 EL Honig
2 TL Vanilleextrakt
2 Eier, getrennt
1 sehr reife Banane, püriert

Für das Topping:
2–3 Bananen
Ca. 80 g Pekannüsse
Ahornsirup

Außerdem:
Fett für das Waffeleisen

Für den Teig das Mehl mit Pekannüssen, Zucker, Hefe, Salz und Zimt in eine Schüssel geben und gründlich vermischen. Die Buttermilch mit Butter, Honig und Vanilleextrakt verrühren und zum Mehl geben. Alles gründlich vermengen.

Den Teig abgedeckt über Nacht im Kühlschrank oder 2 Std. an einem warmen Ort gehen lassen.

Die Eiweiße steif schlagen und beiseitestellen. Die Eigelbe mit der Banane verquirlen und zum Teig geben. Die Eiweiße vorsichtig unterheben. Den Teig im heißen, gefetteten Waffeleisen backen. Die Bananen in Scheiben schneiden und die Pekannüsse nach Belieben in einer Pfanne ohne Fett rösten. Die Waffeln mit Pekannüssen und Bananenscheiben belegen und mit Ahornsirup beträufelt servieren.

DELICIOUS

BABKA MIT ZIMT UND WALNÜSSEN

Für den Teig Mehl mit Zucker, Hefe, Vanillezucker und Salz in einer Schüssel gründlich vermischen. Die Milch mit dem Ei und dem Eigelb verquirlen und zur Mehlmischung geben. Den Teig mit den Knethaken des Handrührgerätes oder mit einer Küchenmaschine kneten. Die Butter nach und nach zufügen und einarbeiten. Den Teig auf die leicht bemehlte Arbeitsfläche geben und ca. 10 Min. mit den Händen kneten, bis er schön elastisch ist. Währenddessen kein zusätzliches Mehl zugeben, der Teig wird mit der Zeit nicht mehr kleben. Zur Kugel formen, in eine eingeölte Schüssel legen und mit Frischhaltefolie abdecken. Den Hefeteig 2 Std. bei Zimmertemperatur oder über Nacht im Kühlschrank gehen lassen.

Für die Füllung die Rosinen mit warmem Wasser bedecken und 15 Min. einweichen. Abtropfen lassen und ca. ¼ der Rosinen in eine Schüssel geben und beiseitestellen. Den Rest mit Zucker, Butter, Zimt und Salz pürieren und ebenfalls beiseitestellen.

Eine Kastenform mit Backpapier auskleiden. Den Teig auf der leicht bemehlten Arbeitsfläche zu einem Rechteck (ca. 25 x 35 cm) ausrollen. Mit der Füllung bestreichen und mit Rosinen und Walnüssen bestreuen. Von der kurzen Seite her aufrollen. Die Rolle mit der Nahtseite nach unten legen und mit einem scharfen Messer längs (!) halbieren, sodass zwei lange Stränge entstehen. Diese nun umeinander wickeln: Dafür beide Stränge zunächst in der Mitte zu einem schrägen Kreuz legen, dann die Enden umeinander wickeln. Die Füllung sollte nach oben zeigen. Den Zopf in die Backform legen, mit einem Küchentuch abdecken und ca. 1 Std. bei Zimmertemperatur gehen lassen.

Den Backofen auf 175 °C vorheizen. Die Babka in ca. 35 Min. goldbraun backen. Gegen Ende der Backzeit evtl. mit Backpapier oder Alufolie abdecken. Für die Glasur alle Zutaten glatt rühren und die heiße Babka damit bestreichen.

ZUTATEN

Für 1 Kastenform (ca. 24 x 11 cm)

Für den Teig:

260 g Weizenmehl
40 g Rohrohrzucker
1 TL Trockenhefe
1 Pck. Bourbon-Vanillezucker
¼ TL Salz
80 ml Milch
1 Ei
1 Eigelb
60 g zimmerwarme Butter, in Würfeln

Für die Füllung:

250 g Rosinen
75 g brauner Zucker
45 g zimmerwarme Butter
1 ½ TL Zimt
½ TL Salz
70 g Walnusskerne, fein gehackt

Für die Glasur:

50 g Butter, zerlassen
3 EL Milch
1 EL Zimt
1 Prise Salz
65 g Puderzucker

Außerdem:

Mehl für die Arbeitsfläche
1 TL Öl für die Schüssel

MUFFINS MIT APFELSTREUSELN

Apfel und Zimt sind eine unschlagbare Kombination, die auch diese Muffins zur echten Köstlichkeit macht. In New York gibt es die kleinen Küchlein in tausend Variationen – von süß bis herzhaft. Man isst sie besonders gerne zum Frühstück, am liebsten mit einem heißen Kaffee.

ZUTATEN

Für 12 Stück

Für den Teig:
180 g Mehl
1 TL Weinsteinbackpulver
1 TL Natron
1 TL Zimt
½ TL Salz
120 g brauner Zucker
60 g Butter, zerlassen
2 Eier
1 ½ TL Vanilleextrakt
1 ½ kleine Äpfel, sehr fein gewürfelt

Für die Streusel:
70 g brauner Zucker
60 g Mehl
50 g kernige Haferflocken
1 TL Zimt
1 Msp. frisch geriebene Muskatnuss
50 g Butter, zerlassen
1 kleiner Apfel, sehr fein gewürfelt

Außerdem:
Butter und Mehl für die Form (alternativ Papierförmchen)

Den Backofen auf 200 °C vorheizen. Ein Muffinblech buttern und mit Mehl bestäuben oder Papierförmchen in die Mulden setzen. Für die Streusel alle Zutaten bis auf den Apfel in eine Schüssel geben, mit den Fingern verkneten und anschließend kalt stellen.

Für den Teig das Mehl mit Backpulver, Natron, Zimt und Salz in einer Schüssel vermischen. Zucker, Butter, Eier und Vanilleextrakt in einer zweiten Schüssel verquirlen. Zur Mehlmischung geben und mit einem Holzlöffel grob vermengen. Die Apfelwürfel unterheben und den Teig in die Muffinförmchen füllen.

Die Streuselmasse aus dem Kühlschrank nehmen, die Apfelwürfel untermischen und die Streusel auf den Teig drücken. Die Muffins 10 Min. im Ofen backen, dann die Temperatur auf 175 °C reduzieren und die Muffins in weiteren 10 Min. fertig backen. Herausnehmen und 10 Min. abkühlen lassen. Die Muffins aus der Form lösen und auf einem Kuchengitter vollständig auskühlen lassen.

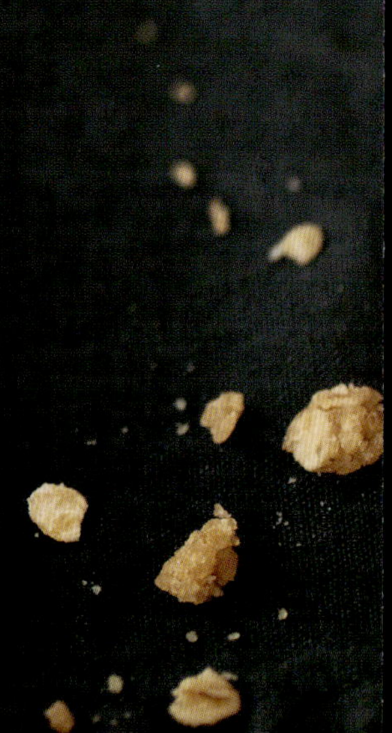

CHOCOLATE STICKY BUNS

Für den Teig Mehl mit Zucker, Hefe, Salz und Muskat in eine Schüssel geben und gründlich vermischen. Die Buttermilch mit Eigelben, Butter und Vanilleextrakt verquirlen und zur Mehlmischung gießen. Alles vermengen und den Teig 5 Min. kneten. Abgedeckt 2 Std. gehen lassen.

Kurz vor Ende der Gehzeit den Karamell herstellen. Dafür die Butter in einem Topf bei mittlerer Hitze zerlassen. Zucker, Sahne, Honig und Salz zugeben und aufkochen. Bei niedriger Temperatur in ca. 4 Min. hellbraun karamellisieren lassen, anschließend vom Herd nehmen. Den Nuss-Nugat-Aufstrich und den Vanilleextrakt einrühren. Die Hälfte des Karamells in eine rechteckige Backform streichen und mit der Hälfte der Mandelblättchen bestreuen. Den restlichen Karamell beiseitestellen.

Den Teig aus der Schüssel nehmen, behutsam flach drücken und auf der leicht bemehlten Arbeitsfläche zu einem Rechteck (ca. 30 x 50 cm) ausrollen. Mit ca. ¾ der zerlassenen Butter bestreichen. Den Nuss-Nugat-Aufstrich darauf verteilen. Den Zucker mit Zimt und Salz vermischen und daraufstreuen. Den Teig von der langen Seite her aufrollen und den Strang in ca. 3 cm breite Scheiben schneiden. Die Schnecken nebeneinander in die Form legen und 45 Min. gehen lassen.

Den Backofen auf 160 °C vorheizen. Die Schoko-Schnecken in ca. 35 Min. goldbraun backen, herausnehmen und noch warm mit dem restlichen Karamell bestreichen. Mit Mandelblättchen bestreuen und lauwarm abkühlen lassen.

ZUTATEN

Für ca. 15 Stück

Für den Teig:
400 g Mehl
40 g brauner Zucker
1 Pck. Trockenhefe
1 gestr. TL Salz
1 Msp. frisch geriebene Muskatnuss
200 ml zimmerwarme Buttermilch
3 Eigelb
50 g Butter, zerlassen
1 TL Vanilleextrakt

Für die Füllung:
75 g Butter, zerlassen
Ca. 300 g Nuss-Nugat-Aufstrich
60 g brauner Zucker
1 TL Zimt
1 Prise Salz

Für den Karamell:
120 g Butter
200 g Rohrohrzucker
240 ml Sahne
80 ml Honig
¼ TL Salz
2 EL Nuss-Nugat-Aufstrich
½ TL Vanilleextrakt

Außerdem:
Ca. 50 g Mandelblättchen
Mehl für die Arbeitsfläche

IMAGINE

THE
230 PARK
AVE
230 THE HELMSLEY BUILDING

CANDY CANE BREAD

ZUTATEN

Für 1 Brot

Für den Teig:
300 g Mehl
30 g Rohrohrzucker
½ EL Trockenhefe
½ TL Salz
170 ml lauwarme Milch
50 g Butter, zerlassen
1 Ei, verquirlt

Für die Cranberry-Füllung:
150 g frische Cranberrys
30 g Rohrohrzucker
1 TL Zitronensaft
15 g Speisestärke

Für die Frischkäse-Füllung:
1 Ei, verquirlt
100 g Frischkäse
2 EL Rohrohrzucker
1 TL Vanilleextrakt

Für den Belag:
Ca. 100 g Puderzucker
Ca. 2 EL Milch

Außerdem:
Mehl für die Arbeitsfläche
1 Eigelb zum Bestreichen

Für den Teig Mehl mit Zucker, Hefe und Salz in einer Schüssel vermischen. Die Milch mit der Butter und dem Ei verquirlen und zugeben. Alles in 5 Min. zu einem weichen Teig verkneten. Abgedeckt bei Zimmertemperatur 2 Std. gehen lassen.

Für die erste Füllung Cranberrys, Zucker und Zitronensaft in einem Topf vermischen und bei mittlerer Hitze ca. 4 Min. köcheln lassen. Die Speisestärke darübersieben, unterrühren und alles 1 Min. weiterköcheln lassen. Vom Herd nehmen und abkühlen lassen. Für die Frischkäse-Füllung das verquirlte Ei mit den übrigen Zutaten glatt rühren und kalt stellen.

Den Teig auf der bemehlten Arbeitsfläche zu einem Rechteck (55 x 20 cm) ausrollen und auf Backpapier legen, wobei ca. ¼ der langen Seite übersteht (dieser Teil wird später umgebogen). Von der langen Seite her 2 cm breite und 10 cm lange Streifen einschneiden, dies an der gegenüberliegenden langen Seite wiederholen, sodass in der Mitte eine 10 cm breite Teigfläche ganz bleibt. Auf diese die Frischkäse-Füllung streichen, darauf die Cranberry-Füllung verteilen. Einen kleinen Rest Cranberry-Füllung zum Verzieren beiseitestellen. Die Streifen schräg über die Füllung legen, dabei links und rechts abwechseln, sodass ein Flechtmuster entsteht. Den Zopf zu einem Spazierstock biegen und mithilfe des Backpapiers auf ein Blech heben. Das Brot mit dem Eigelb bestreichen und 30 Min. gehen lassen.

Den Backofen auf 175 °C vorheizen. Das Brot in 35–40 Min. goldbraun backen, herausnehmen und vollständig abkühlen lassen. Puderzucker und Milch glatt rühren und den Guss in schrägen Linien auf das Brot träufeln. Die übrige Cranberry-Füllung ebenfalls in schrägen Linien auf das Brot träufeln, sodass das Brot an eine rot-weiß gestreifte Zuckerstange erinnert.

BREAD PUDDING

Dieses Rezept hat eine lange Tradition und wird je nach Land unterschiedlich zubereitet. Ging es früher hauptsächlich darum, altes Brot zu verarbeiten, um es nicht wegschmeißen zu müssen, ist der Brotpudding heute eine beliebte Nachspeise, die ihren Ruf als „Resteessen" längst hinter sich gelassen hat. In den USA wird er meist süß serviert, herzhaft schmeckt er aber ebenso gut.

ZUTATEN

Für 1 runde Form (⌀ 21 cm)

3 ½ Rosinenbrötchen (alternativ Hefezopf, Challah Buns, Brioche etc.), in 3 cm breiten Würfeln
300 ml Milch
50 g Butter
3 EL Rohrohrzucker
1 TL Vanilleextrakt
½ TL Zimt
1 Prise Salz
3 Eier, verquirlt
2 EL Mandelblättchen
1 Prise frisch geriebene Muskatnuss

Außerdem:
Butter für die Form

Den Backofen auf 175 °C vorheizen. Eine Auflaufform buttern und die Brötchen-Würfel darin verteilen. Die Milch mit der Hälfte der Butter, 2 EL Zucker, Vanilleextrakt, Zimt und Salz in einen Topf geben und erhitzen, bis die Butter geschmolzen ist. Lauwarm abkühlen lassen und die Eier einrühren. Die Mischung auf die Brötchen-Würfel gießen. Alles kurz durchziehen lassen und die Würfel einmal wenden, sodass sie gleichmäßig getränkt sind.

Die restliche Butter in Flöckchen und die Mandelblättchen auf dem Auflauf verteilen. Den übrigen Zucker mit Muskatnuss vermischen und darüberstreuen. 35–40 Min. backen, bis die Masse gestockt, aber noch ein wenig weich ist. Den Auflauf warm servieren.

Tipp: Wer statt Rosinenbrötchen Hefezopf verwendet, kann vor dem Backen zusätzlich 1 Handvoll Schokotropfen, Rosinen oder Apfelschnitze untermischen.

BUTTERMILK BREAKFAST PUFFS

In Butter getunkt und mit Zimt-Zucker bestreut – mit diesen Breakfast Puffs kann der Tag nur gut beginnen! Der lockere Teig erinnert an Donuts und durch das handliche Format könnte man tatsächlich auf die Idee kommen, es handle sich um Doughnut Holes. Tatsächlich werden sie aber einfach und schnell in einer Mini-Muffinform gebacken. Frisch schmecken die Puffs am besten – aber lange kann man diesem wunderbaren Duft sowieso nicht widerstehen.

ZUTATEN

Für 24–30 Stück

Für den Teig:
180 g Mehl
1 TL Weinsteinbackpulver
½ TL Natron
½ TL Salz
¼ TL frisch geriebene Muskatnuss
100 g Rohrohrzucker
80 g zimmerwarme Butter
1 Ei
1 TL Vanilleextrakt
120 ml zimmerwarme Buttermilch

Zum Wenden:
80 g Butter
100 g Rohrohrzucker
1 EL Zimt

Außerdem:
Butter und Mehl für die Form

Den Backofen auf 175 °C vorheizen. Eine Mini-Muffinform buttern und mit Mehl bestäuben. Für den Teig das Mehl mit Backpulver, Natron, Salz und Muskatnuss in einer Schüssel vermischen. Zucker und Butter in einer zweiten Schüssel in ca. 3 Min. hell und cremig schlagen. Das Ei zugeben und die Masse 1 Min. weiterschlagen. Den Vanilleextrakt untermischen. Abwechselnd die Buttermilch und die Mehlmischung in 2 Portionen unterrühren, bis geradeso ein Teig entsteht. Den Teig in die Mulden der Backform füllen und 15–20 Min. backen.

In der Zwischenzeit die Butter in einem kleinen Topf erwärmen, bis sie leicht gebräunt ist. Vom Herd nehmen. Zucker und Zimt in einem Schälchen mischen. Die Puffs aus dem Ofen nehmen und 2 Min. abkühlen lassen. Die Oberseite in die gebräunte Butter tauchen und die Puffs anschließend großzügig mit Zimt-Zucker bestreuen. Die Breakfast Puffs schmecken frisch am besten.

CINNAMON ROLL PANCAKES

Den Backofen auf 180 °C vorheizen. Den Kürbis halbieren und die Kerne entfernen. Mit der Schnittseite nach unten auf ein mit Backpapier belegtes Blech legen und in ca. 40 Min. weich backen. Das Fruchtfleisch mit einem Löffel herausschaben und pürieren. 300 g Kürbispüree abwiegen und abkühlen lassen. Den Rest für ein anderes Rezept, z. B. für Pumpkin Spice Whoopie Pies, verwenden (es lässt sich auch prima einfrieren). (Wird statt Kürbispüree Apfelmark verwendet, entfallen diese Schritte.)

Für die Zimtbutter alle Zutaten in eine Schüssel geben und cremig rühren. In einen Spritzbeutel mit kleiner Lochtülle füllen (alternativ in einen Gefrierbeutel füllen und ein Eckchen abschneiden) und zunächst beiseitelegen. Für den Frischkäse-Guss Frischkäse, Puderzucker und Ahornsirup verrühren. Evtl. Milch zugeben, bis die richtige Konsistenz erreicht ist und beiseitestellen.

Das Mehl mit Backpulver, Zimt, Ingwer, Salz, Natron, Muskat, Nelken und Piment in einer Schüssel mischen. Die Eigelbe mit Buttermilch, Orangenabrieb, Apfelessig und Kürbispüree verquirlen und zum Mehl geben. Alles vermischen, bis geradeso ein Teig entsteht. Die Eiweiße steif schlagen und in 2 Portionen kurz unterheben.

Etwas Öl in einer Pfanne bei mittlerer Temperatur erhitzen. Für einen Pancake ca. 2 EL Teig in die Pfanne geben und 1–2 Min. backen. Die Zimtbutter spiralförmig auf den Pancake spritzen und diesen 1–2 Min. weiterbacken. Den Pancake wenden und auf der Unterseite goldbraun backen. Pro Portion 4–5 Pancakes aufeinanderstapeln und den obersten mit Frischkäse-Guss beträufeln.

ZUTATEN

Für ca. 8 Portionen

Für den Teig:

1 kleiner Hokkaidokürbis (alternativ 300 g Apfelmark)
400 g Mehl
2 TL Weinsteinbackpulver
1 TL Zimt
1 TL Ingwerpulver
½ TL Salz
¼ TL Natron
¼ TL frisch geriebene Muskatnuss
Je 1 Prise gemahlene Nelken und Piment
2 Eier, getrennt
400 ml Buttermilch
2 EL brauner Zucker
1 TL Abrieb von 1 Bio-Orange
2 TL Apfelessig

Für die Zimtbutter:

90 g sehr weiche Butter
60 g brauner Zucker
1 ½ EL Mehl
2 TL Zimt
1 Prise Salz

Für den Frischkäse-Guss:

80 g Frischkäse
1 ½ TL Puderzucker
1 TL Ahornsirup
Ca. 2 TL Milch

Außerdem:

Öl (oder Butter) zum Ausbacken

ING SQUARE PLAZA
BANANA REPUBLIC

GRAND CENTRAL TERMINAL

DATE NUT BREAD

Datteln und Nüsse sind perfekte Zutaten für die Weihnachtszeit. Das Date Nut Bread wird daher traditionell in der kalten Jahreszeit gebacken und bringt Abwechslung auf den Frühstückstisch. Möchte man das Brot verschenken, kann man es auch in leeren Konservendosen backen. Die Backzeit verkürzt sich dann auf ca. 40 Minuten.

ZUTATEN

Für 1 Kastenform (20 x 10 cm)

230 g Datteln, grob gehackt
100 g Muscovado-Zucker
60 g Butter, in Würfeln
1 TL Natron
½ TL Salz
250 ml heißer Kaffee (alternativ Wasser)
1 Ei
1 TL Vanilleextrakt
1 EL Rum nach Belieben
250 g Mehl
½ TL Zimt
½ TL Weinsteinbackpulver
120 g Walnusskerne, grob gehackt

Außerdem:
Frischkäse zum Bestreichen nach Belieben

Den Backofen auf 175 °C vorheizen und eine Kastenform mit Backpapier auskleiden. Die Datteln mit Zucker, Butter, Natron und Salz in eine Schüssel geben. Den Kaffee zugießen und alles 15 Min. ziehen lassen.

Das Ei in einem Schälchen mit Vanilleextrakt und Rum verquirlen und das Mehl mit Zimt und Backpulver vermischen. Beides zur Dattelmischung geben, alles grob vermengen und anschließend die Walnüsse unterheben.

Den Teig in die Form füllen und ca. 50 Min. backen, evtl. nach 30 Min. mit Alufolie abdecken. Stäbchenprobe machen! Das Dattel-Nuss-Brot herausnehmen und abkühlen lassen. Zum Servieren in Scheiben schneiden und mit Frischkäse bestreichen.

New York Times

DONUTS MIT APFELWEIN

Für die besten Donuts der Stadt stehen die New Yorker auch gerne mal eine Weile in der Schlange. Möchte man sie selber machen, muss man ein wenig Geduld mitbringen – aber es lohnt sich. Statt die Donuts in Zimt und Zucker zu wenden, kann man 100 g Puderzucker, 4 EL Ahornsirup und 1 EL Milch glatt rühren und die Donuts damit glasieren.

Den Apple Cider in einen Topf geben und bei mittlerer Hitze auf 150 ml einkochen. Lauwarm abkühlen lassen. Das Mehl mit Vollkornmehl, Hefe, Zimt, Salz und den restlichen Gewürzen in eine Schüssel geben und gründlich vermischen.

Den Zucker mit Cider, Eigelben, Öl und Vanilleextrakt verquirlen und zur Mehlmischung gießen. Alles gründlich vermengen. Die Butter in Flöckchen zugeben und den Teig 5–10 Min. kneten. Abgedeckt bei Zimmertemperatur 2 Std. gehen lassen. Behutsam die Luft aus dem Teig drücken und ihn auf der bemehlten Arbeitsfläche knapp 2 cm dick ausrollen. Zunächst große Kreise (∅ ca. 7,5 cm) ausstechen, anschließend mittig kleinere Kreise (∅ ca. 2,5 cm) ausstechen. Auf ein mit Backpapier belegtes Blech geben und ca. 45 Min. gehen lassen.

Ausreichend Öl (ca. 5 cm hoch) in einen schweren Topf gießen und auf 180 °C erhitzen. Die Donuts und die Bällchen darin nacheinander in 30–60 Sek. pro Seite ausbacken. Herausnehmen und auf einer dicken Schicht Küchenpapier abtropfen lassen. Zwischendurch immer wieder die Temperatur des Öls kontrollieren.

Die Donuts nach dem Ausbacken in Zimt-Zucker wenden.

ZUTATEN

Für 12 Donuts und 12 kleine Bällchen (Doughnut Holes)

Für den Teig:

500 ml Apple Cider (Apfelwein)
250 g Mehl
50 g Weizen-Vollkornmehl
2 TL Trockenhefe
1 ½ TL Zimt
½ TL Salz
Je ¼ TL Piment, Kardamom und frisch geriebene Muskatnuss
55 g brauner Zucker
2 Eigelb
1 EL Öl
1 TL Vanilleextrakt
1 EL weiche Butter

Außerdem:

Mehl für die Arbeitsfläche
Öl zum Frittieren
Zimt und Zucker zum Wenden

CHALLAH BUNS

Von jüdischen Einwanderern in die Stadt gebracht ist das Hefegebäck Challah heute nicht mehr aus New York wegzudenken. Die Füllung mit Rosinen und Apfelwürfeln macht es besonders aromatisch. Frisch schmecken die Hefeteig-Buns natürlich am besten – sollten dennoch Brötchen übrig bleiben, können sie aber wunderbar für einen Bread Pudding (S. 107) verwendet werden.

ZUTATEN

Für 10 Stück

Für den Teig:
160 ml lauwarmes Wasser
1 EL Zucker
2 TL Trockenhefe
60 ml mildes Olivenöl
2 Eier
1 Eigelb
80 g flüssiger Honig
1 gestr. EL Salz
Ca. 550 g Mehl

Für die Füllung:
1 Vanilleschote
80 g Rosinen
10 Thymianzweige
1 Apfel, sehr fein gewürfelt

Außerdem:
Mehl für die Arbeitsfläche
1 Eigelb zum Bestreichen

Das Wasser mit Zucker und Hefe in einer Schüssel verrühren und 10 Min. ruhen lassen. Das Öl untermischen. Die Eier und das Eigelb nacheinander mit einem Schneebesen unterschlagen. Den Honig und das Salz unterrühren. Das Mehl nach und nach zugeben und alles in ca. 5 Min. zu einem weichen Teig verkneten. Abgedeckt ca. 1 ½ Std. gehen lassen.

Für die Füllung die Vanilleschote längs halbieren. Das Mark auskratzen und mit der Schote in einen Topf geben. Rosinen, Thymian und 240 ml Wasser zufügen. Aufkochen und köcheln lassen, bis die Flüssigkeit verdampft ist. Vom Herd nehmen, die Apfelwürfel zugeben und die Mischung abkühlen lassen. Die Vanilleschote und den Thymian entfernen.

Den Teig auf die bemehlte Arbeitsfläche geben und in 10 Portionen teilen. Jede Portion zu einem kleinen Rechteck (15 x 6 cm) ausrollen. Mit Füllung belegen und von einer der langen Seiten her aufrollen. Zu einem 35 cm langen Strang rollen. Den Strang in der Mitte halbieren. Jeden dieser Stränge nun längs halbieren. Die 4 Stränge wie bei einem engen Hashtag-Zeichen überkreuzen, sodass sie abwechselnd über und unter einem Nachbarstrang liegen. Nun jeden Strang, der unter einem anderen liegt, nach rechts über den Nachbarstrang legen. Anschließend jeden Strang, der unten liegt, nach links über den Nachbarstrang legen. Wiederholen und die Enden nach unten einschlagen, sodass ein Knoten entsteht. Mit den restlichen Teigportionen ebenso verfahren. Die Brötchen auf mit Backpapier belegte Bleche setzen und mit Eigelb bestreichen. Ca. 45 Min. gehen lassen.

Den Backofen auf 175 °C vorheizen und die Brötchen darin in ca. 20 Min. goldbraun backen.

NEW YORKER Weihnachten

Rose Ausländer

In erträumten Türmen
läuten Glocken Mirakel

Läden fiebern
aus Drehtüren rollen Lieder
in den Tumult

Tannen lächeln
elektrische Liebe

Taube weihnachtsweiß
deine Botschaft
in welchem Reich
freundlich aufgenommen
auf welcher Tanne wächst
dein Gefieder

Die verschollenen Könige
kommen heute nach New York
mit magischen Geschenken
Sie pilgern nach Harlem
zu den Spirituals
verbrüdern sich im Hafen
mit der Mannschaft gescheiterter Schiffe
verloben sich in der Bar
mit Branntweinbräuten

In imaginären Türmen
läuten Glocken Mirakel

★

ANGELO GALASSO

REGISTER

LISA NIESCHLAG

★

LARS WENTRUP

★

JULIA CAWLEY

★

DAS TEAM

Designerin und Fotografin Lisa Nieschlag, mit familiären Wurzeln in New York, verbringt ihre Zeit am liebsten in der Küche beim Kochen und Backen, Stylen und Fotografieren. Lars Wentrup ist Designer und Illustrator. Immer wieder ist es für ihn etwas Besonderes, wenn sich die einzelnen Seiten im Layout mit Leben füllen. Seit 2001 betreiben die beiden eine Agentur für Kommunikationsdesign im Herzen von Münster. Ein perfektes Team also!

Nach fünf Jahren in New York hat es die international gefragte Fotografin Julia Cawley wieder nach Deutschland verschlagen. Sie lebt und arbeitet in Hamburg, dem Tor zur Welt.

Gemeinsam betreiben Julia und Lisa den beliebten Food-Blog „Liz & Jewels“ – eine kulinarische Challenge. Hier setzen sie leckere Rezepte besonders in Szene und zwar jede auf ihre Art! Bekannt sind sie auch für die Organisation von internationalen Food-Styling- und Photography-Workshops.

www.lizandjewels.com

DANKE

Ein großes Dankeschön an Julia, die sofort nach der Idee zu diesem Buch einen Flug Richtung New York gebucht und keine Mühen gescheut hat, um die weihnachtliche Großstadt-Stimmung so schön in Bildern einzufangen.

Bedanken möchten wir uns auch bei Agnes für die kulinarische Zusammenarbeit. Ohne Melissa am Set und ihre Hilfe beim Backen wäre das Buch nie so pünktlich fertig geworden. Herzlichen Dank dafür. Und auch Friederike danken wir für die tatkräftige Unterstützung.

Danke Tina für deine Talente beim Organisieren, Stylen und Backen und danke Nik für deine Ideen und die Unterstützung bei den Illustrationen.

Besonderer Dank geht an Wolfgang Hölker, Dagmar Becker-Göthel und Franziska Grünewald für ihr Vertrauen in uns, die „New York Christmas“-Reihe zu ergänzen.

Vielen Dank auch an unsere Kooperationspartner:
Botz, Geliebtes Zuhause, House Doctor und Davert

IMPRESSUM

MIX
Papier aus verantwortungsvollen Quellen
FSC® C002795

5 4 3 2 21 20 19 18 17
ISBN 978-3-88117-154-0

Hafenweg 30, 48155 Münster, Germany

www.hoelker-verlag.de

GESTALTUNG UND SATZ:
Nieschlag + Wentrup, Büro für Gestaltung
www.nieschlag-und-wentrup.de

FOTOS:
Lisa Nieschlag: Seite 2, 3, 12, 13, 14, 16, 17, 18, 19, 22, 23, 24, 27, 30, 32, 33, 36, 38, 39, 40, 45, 46, 48, 49, 52, 53, 54, 55, 56, 61, 62, 63, 64, 65, 67, 68, 69, 70, 71, 74, 77, 78, 79, 80, 81, 82, 86, 87, 88, 89, 90, 91, 93, 96, 97, 98, 99, 100, 105, 106, 108, 109, 110, 115, 116, 119 (www.lisanieschlag.de)
Julia Cawley: Seite 1, 7, 8, 9, 10, 20, 21, 28, 29, 34, 35, 42, 43, 50, 51, 58, 59, 72, 73, 84, 85, 94, 95, 102, 103, 112, 113, 120, 121, 122, 123, 124, 125 (www.juliacawley.com)
Franziska Krauss (Portrait Julia Cawley): Seite 7 und 126
Anna Haas (Portraits Lisa Nieschlag und Lars Wentrup): Seite 126 (www.anna-haas.de)

ILLUSTRATIONEN: Lars Wentrup
REZEPTENTWICKLUNG: Agnes Prus
ASSISTENZ AM SET: Melissa Lange
LITHO: FSM Premedia, Münster, Birgit Depenbrock
REDAKTION: Franziska Grünewald